Lógica, ciencia y creatividad

Carlos Blanco

Lógica, ciencia y creatividad

Todos los derechos reservados. Ni la totalidad ni parte de este libro, incluido el diseño de la cubierta, puede reproducirse o transmitirse por ningún procedimiento electrónico o mecánico. Cualquier forma de reproducción, distribución, comunicación pública o transformación de esta obra solo puede ser realizada con la autorización de sus titulares, salvo excepción prevista por la ley. Diríjase a CEDRO (Centro Español de Derechos Reprográficos) si necesita fotocopiar o escanear algún fragmento de esta obra (www.conlicencia.com; 91 702 19 70 / 93 272 04 47).

© Copyright by
Carlos Blanco
Madrid

Editorial DYKINSON, S.L. Meléndez Valdés, 61 - 28015 Madrid
Teléfono (+34) 91 544 28 46 - (+34) 91 544 28 69
e-mail: info@dykinson.com
http://www.dykinson.es
http://www.dykinson.com
Consejo Editorial véase www.dykinson.com/quienessomos

ISBN: 978-84-9085-081-7
Depósito Legal: M-23018-2014

Índice

1. Perspectiva general: la creatividad de la naturaleza y del ser humano 9

2. La creatividad y las formas de analogía 23

3. Creatividad, genio e inteligencia 63

Excursus: el edificio de la ciencia y los "condensadores de complejidad" 85

Apéndice I: Ciencia, filosofía, teología: ¿sabiduría? 93

Apéndice II: Del conocimiento a la paz 129

Apéndice III: A quién pertenece el siglo XXI 163

1. Perspectiva general: la creatividad de la naturaleza y del ser humano

¿Cómo entender la creatividad? De manera puramente intuitiva, cabe sostener que lo creativo apela a un proceso capaz de suscitar novedad en el seno de la mente humana, por ejemplo en un campo del conocimiento o en una rama de las artes y de la tecnología. Sin embargo, en cuanto tratemos de precisar mejor en qué consiste esa supuesta novedad que germina en el intelecto creativo, nos percataremos de la enorme dificultad de la tarea. Una verdadera novedad, una novedad *ex nihilo* que, a imitación del poder que tantas religiones atribuyen a los dioses, generase algo desde la nada, sin un resorte previo, resulta absolutamente imposible. Ni siquiera los mayores genios de la historia han inaugurado un mundo totalmente nuevo para la imaginación, la acción y el pensamiento, un escenario virginal e inmaculado que no se apoyara sobre lo que ya había conseguido la humanidad. Los "hombros de gigante" a los que se refería Newton en una famosa cita han servido como pilares para todas las mentes creativas. Crear, al menos en su acepción significativa para el hombre, no puede implicar "una forja desde la nada", desde una *tabula rasa* sobre la que se añadan los productos más sublimes de la imaginación.

Todos los descubrimientos de la ciencia empírica apuntan a la inviolabilidad del principio de conservación de la energía: como habitantes de este cosmos urdido de átomos, tiempo y espacio, estamos condenados a convivir con la misma materia que brotó en una explosión inicial acaecida hace unos 13,800 millones de años (tal y como ha puesto de relieve la reciente misión Planck de la NASA), fuente de una radiación primordial que progresivamente se condensó en estructuras diversas. Las sucesivas transformaciones de la materia responden a intercambios de energía, no a creaciones en sentido estricto. Es cierto, en cualquier caso, que los horizontes abiertos por la lógica y por la física subatómica a lo largo del siglo XX han revelado dos rupturas o "fallas epistemológicas" fundamentales que, aun precariamente, indican que no todo obedece a un mecanismo de linealidad en corazón del universo[1]. En primer lugar, los dos teoremas de incompletitud de Gödel[2] consagran la irreductibilidad de la aritmética a un conjunto desde cuyos enunciados axiomáticos quepa deducir, algorítmicamente, todas las proposiciones verdaderas legítimas, tal y como había pretendido el programa formalista de Hilbert y su célebre *"wir müssen wissen, wir werden wissen"*, con la consecuente manifestación de un profundo abismo en los niveles más básicos del conocimiento humano (la matemática y su articulación lógica). En segundo lugar, la mecánica cuántica problematiza inmensamente la idea tradicional de causalidad, subraya el papel central del observador y parece exigir (al menos si nos ceñimos a la interpretación de Copenhague) el abandono de una óptica continuista y determinista entre el nivel subatómico y el mesoscópico, para cuya descripción aún gozaría de validez la mecánica clásica.

---

[1] Sobre la trascendencia de éstos y otros "límites" para la visión científica del mundo, cf. P.-M. Binder, "Philosophy of science: theories of almost everything", *Nature* 455 (2008), 884-885.

[2] Cf. K. Gödel, "Über formal unentscheidbare Sätze der Principia Mathematica und verwandter Systeme I", *Monatshefte für mathematik und physik* 38(1 (1931), 173-198.

No podemos detenernos a examinar, con el rigor que demandarían, estos importantes hallazgos del pensamiento. Tampoco valoraremos la extraña imagen del mundo que de ellos dimana (un cosmos estratificado en niveles casi inconmensurables), pues no queda claro cómo se establecen esas rupturas y por qué coexisten paradigmas indeterministas y deterministas según la escala de la realidad sujeta a estudio. Además, se nos antojaría precipitado inferir, de estas conclusiones científicas y lógico-matemáticas, la inviabilidad de una postura constructivista a la hora de explicar la formación de categorías matemáticas más complejas a partir de conceptos más elementales[3], o de ideas

---

[3] Las investigaciones más recientes en psicología del desarrollo han contribuido a poner de relieve las etapas que recorre la mente del niño en la adquisición de las categorías matemáticas más básicas, para, a partir de ellas, construir conceptos más complejos. La capacidad humana para albergar nociones matemáticas enormemente sofisticadas (muchas de ellas tardaron milenios en descubrirse: pensemos en los transfinitos de Cantor) parece sustentada sobre una serie de estructuras neurobiológicas y de habilidades cognitivas concomitantes que habrían despuntado, de modo gradual, en el curso de la evolución. Un rudimentario "sentido numérico" existiría, de hecho, en otras especies animales. Remitimos a dos interesantes trabajos: *Where Mathematics Comes From: How the Embodied Mind Brings Mathematics into Being* (Basic Books, Nueva York 2000), de George Lakoff y Rafael Núñez, y *The Number Sense: How the Mind Creates Mathematics* (Oxford University Press, Oxford 2011), de Stanislas Dehaene. Entender la génesis del pensamiento matemático desde su sustrato neurobiológico no implica subordinar la verdad de los enunciados de esta disciplina a procesos electrofisiológicos, vinculados principalmente a la activación de ciertas regiones corticales. La verdad matemática dimana de las relaciones internas que se establecen entre unos símbolos cuyo significado sólo se revela inteligible a la luz de unos axiomas y de unas jerarquías sintácticas. La semántica matemática, el "contenido" de sus fórmulas, resulta indisociable de su particular sintáctica, de su constitución axiomática. De hecho, según los axiomas con los que opere nuestro razonamiento, nos toparemos con unas u otras geometrías (euclidiana, hiperbólica…). Algo similar sucede en el caso de la aritmética y de otras ramas de la matemática. En la geometría euclidiana, el teorema de Pitágoras no es verdadero porque una estructura neurobiológica concreta así lo estipule: su verdad remite a su corrección formal dentro de ese marco sintáctico-semántico, a su adecuada organización sintáctica, cuyas reglas conllevan una determinada lectura semántica. Desde esos conjuntos axiomáticos

físicas más sofisticadas desde intuiciones y experiencias más simples (sin olvidar que la discontinuidad "epistemológica" no tiene por qué involucrar una ruptura ontológica real). Sí conviene señalar, a nuestro juicio, las hondas sugerencias que ofrecen para el análisis de la idea de creatividad.

Parece posible, a tenor de la ciencia, quebrantar la rígida línea causal vigente en las escalas del universo a las que tiene acceso nuestra experiencia ordinaria. La propia materia, así como el pensamiento mismo en sus dinámicas más elementales, no cesan de romper esa drástica continuidad. La materia y el pensamiento crean no sólo mediante la combinación de lo ya dado, sino que erigen niveles nuevos en los que imperan leyes distintas. ¿Por qué? Es obvio que la transición de uno a otro nivel no conlleva la creación de una materia nueva, pero la ciencia nos enseña que sí comporta el nacimiento de nuevos principios "epistemológicos". Utilizo este término porque no me siento legitimado para dirimir si esas nuevas leyes, si esas nuevas disposiciones constantes que se observan en determinados niveles de la realidad, son intrínsecas a la materia o únicamente satisfacen una necesidad del intelecto humano, incapaz de comprender la complejidad del mundo sin introducir nuevos requisitos epistemológicos que quizás "no existan" por sí mismos, mas afloren desde apriorismos mentales[4]. No me atrevo a descartar que la nivelación de la

---

cabe imaginar entidades matemáticas carentes de correlato empírico e incluso "intuitivo", como el número i ($\sqrt{-1}$), porque, pese a impugnar algunas de nuestras suposiciones ordinarias, algunas de esas ideas que nos vemos tentados de atribuir al "sentido común" y al orden inviolable del intelecto, son susceptibles de "corrección formal", de "operatividad" en el seno de un marco de referencia axiomático cuidadosamente delimitado.

[4] Estos apriorismos quizás respondan a requisitos meramente provisionales, a una necesidad impugnadora de nuestro anhelo de simpleza, unidad y economía epistemológica. La denodada búsqueda de una "teoría del todo", de una unificación final de la física y de una integración de todas las ramas del conocimiento en una visión armoniosa, revela el auténtico apriorismo del ser humano: la creencia en una unidad última, de cuyas fuentes brotarían numerosas manifestaciones sólo inteligibles desde ese *arjé* primigenio. Pero este imperativo no tiene por qué reflejar la estructura

realidad en escalones irreductibles representa una hermosa prueba de la creatividad de la naturaleza: el surgimiento de estructuras y funciones dotadas de mayor complejidad se logra gracias a *crear* nuevas clases de organización en el seno de la materia, nuevas relaciones, nuevas disposiciones que, sin violar el principio de conservación de la energía, originan lo nuevo no a través de la adición de materia antes inexistente, sino en virtud de imaginar flamantes formas de interacción entre los componentes de esa materia que ya pre-existe.

La biología, con la teoría de la evolución, presenta ante nuestros ojos un paisaje fascinante, repleto de formas vitales aherrojadas por la indoblegable dinámica del cambio, engendrado tanto por la inherente susceptibilidad de variación que ostentan los organismos como por las insistentes presiones ambientales que ejerce el ecosistema. En el telar de la evolución de la especies se han tejido algunas de las prendas más bellas que es posible contemplar. Millones de años de labor silenciosa, combinada con dosis interminables de sufrimiento, de extinción, de vicisitudes azarosas hilvanadas en lienzos indescifrables, de depredación de los individuos más débiles por parte de los estamentos más fuertes, han desembocado en este magnífico océano de formas creativas. Desde un punto de vista físico, la materia no ha experimentado modificaciones sustanciales. Los mismos átomos que conformaron la materia de los dinosaurios pueden hoy subsistir en cualquier planta, animal o bacteria. Las mismas secuencias genéticas, sometidas a millones de años de mutaciones, hibridaciones y selecciones, trazan el finísimo hilo que conduce desde la forma primordial de vida hasta los sistemas biológicos más evolucionados de la actualidad. Nuevamente, la creación que comparece en estos casos no se asemeja a la del

más profunda del universo tan meticulosamente explorado por nuestro ímpetu científico. La verdad última quizás entrañe una coexistencia de unidad y pluralidad irreductible a uno de los polos de este binomio, de esta tensa dualidad que ha desempeñado un papel neurálgico en la reflexión filosófica desde sus más lejanos albores.

Dios judeocristiano, deidad que vierte su talento *sobre la nada* y trabaja sin materia previa (el verbo *bará* en hebreo así lo indica en el primer versículo del Libro del Génesis): el genio de la naturaleza talla, lenta y tenazmente, esa gigantesca escultura integrada por todos los seres vivos[5]. La creación de nuevas formas concierne a la emergencia (empleo esta palabra sin conferirle particulares connotaciones teóricas) de nuevos marcos organizativos entre los distintos elementos biológicos[6]. La aparición de nuevos patrones de comportamiento en el seno de la materia biológica es creativa, por cuanto promueve "eventos" que no cabía

---

[5] Como escribe José María Bermúdez de Castro: "La evolución biológica es pura creatividad e innovación. Desde que los primeros seres vivos aparecieron en nuestro planeta hace aproximadamente unos 3500 millones de años no han dejado de surgir centenares y centenares de nuevas formas, cada vez más complejas, por evolución de las precedentes. ¿Qué nos puede enseñar, pues, la naturaleza sobre su fuerza creativa?, ¿existen límites a esa creatividad? Los seres humanos somos una gran innovación biológica de la naturaleza, pero ¿no seremos también una herramienta de la naturaleza que permite potenciar y multiplicar su creatividad?" (*La Evolución del Talento*, Debate, Barcelona 2010).

[6] El matemático y filósofo británico Alfred North Whitehead habló de un *"creative advance into novelty"* (*Process and Reality: An Essay in Cosmology*, Cambridge University Press, Cambridge 1929, 339) como característica fundamental del universo. Pese a las oscuridades y sutilezas terminológicas de muchos escritos de Whitehead, cuyas nubes con frecuencia impiden captar qué entiende exactamente nuestro autor por "creatividad", "ultimidad" y nociones parejas (todas ellas revestidas de una importante carga filosófica en sus textos), es interesante reparar en la inextricable unión que, a sus ojos, vincula "creatividad", "avance" y "novedad". Resulta inevitable trazar una analogía con la dinámica de la evolución biológica: el avance hacia la "novedad" es a menudo forzado (en otras ocasiones, fortuito), porque un sistema biológico habitualmente no puede considerarse "en equilibrio absoluto", totalmente inerme al cambio. Las influencias ambientales y la propia variabilidad inherente a los organismos producen modificaciones constantes en cada generación; no necesariamente "avances" en el sentido de ganancias netas de complejidad (pues en la naturaleza abundan los ejemplos de "retro-evoluciones", y conviene desprenderse de la óptica irremisiblemente antropocéntrica que tantas veces nos domina cuando abordamos estas cuestiones), pero sí alteraciones que, a la larga, transforman el árbol de la vida con la adición de nuevas ramas y la mudanza e incluso extinción de las ya existentes.

esperar con las disposiciones anteriores. El establecimiento de estos nuevos marcos de acción, junto con la irreversibilidad entrópica que se condensa en la segunda ley de la termodinámica (la célebre "flecha del tiempo", de por sí un indicio incuestionable de novedad en el universo), propician la creación de formas biológicas no presagiadas. Confluyen tantos factores (internos y externos al viviente) que ni el más potente ordenador contemporáneo conseguiría calcular, con la exactitud requerida, qué nuevas formas se hallan destinadas a aparecer, al menos hasta culminar el desarrollo de la computación cuántica[7]... Y en escalas meso y macroscópicas es probable –por qué excluirlo– que ocurra una fragmentación de la realidad análoga a esa ruptura epistemológica de niveles ya aludida. No sería entonces plausible transitar desde determinados niveles biológicos hasta otros más complejos de modo lineal, sin quemar las naves de algunos conceptos al llegar a ciertos puntos críticos, cuyos tajantes umbrales nos forzarían a construir otros barcos y otras herramientas para surcar el vasto mar del conocimiento humano.

Sin haber invocado en ningún momento la creatividad del hombre, los productos más eximios de la imaginación simbólica que, ya desde el Paleolítico superior (e incluso antes), han definido la andadura de nuestra especie sobre la faz de la Tierra, hemos advertido que la idea de creatividad no tiene por qué entenderse como el surgimiento de algo estrictamente nuevo, despojado de elementos precursores. No tiene por qué referirse a una realidad que no guarde relación con lo previo, mas borre, por así decirlo, todo rastro de "pasado", émula de un presente puro súbitamente irrumpido en esa colosal concatenación de causas y efectos que todo lo gobierna. La mera innovación en el plano de las interacciones entre los componentes de un sistema refleja ya atisbos de un proceso creativo. No se trata de simple arte combinatoria, porque en la mayoría de

---

[7] Agradezco a Antonio Fernández Guerrero, físico y doctorando en neurociencias en la Universidad de Zurich, sus valiosas observaciones sobre este punto y sobre otras secciones del texto.

los casos existe una jerarquización de niveles y una prioridad de ciertas relaciones entre las partes sobre otras. De hecho, en ocasiones emergen niveles epistemológicos irreductibles a los inferiores. Este fenómeno quizás se deba a la debilidad de la inteligencia humana y a cómo la realidad siempre desborda los frágiles confines del pensamiento (evidencia que difuminaría ese antiguo sueño, ya albergado por Parménides en los albores de la filosofía griega, de que el ser y el pensar equivalgan...), pero también podría obedecer a la estructura de la naturaleza misma. Me inclino por la segunda opción: aún confío demasiado en el poder del intelecto...

Pertrechados con las vidriosas herramientas conceptuales que acabamos de esbozar, penetremos ahora en el inescrutable reino de la creatividad humana. Como decíamos, los antropólogos han desenterrado testimonios de la creatividad reflexiva de nuestra especie que nos remiten al Paleolítico superior. Toda especie, sometida a constantes amenazas, es creativa si apelamos a su aptitud intrínseca para afrontar nuevos desafíos y resolver problemas inopinados. El chimpancé que captura termitas en el África ecuatorial y el castor que edifica admirables prototipos de presas en ríos y lagos de los bosques septentrionales de América del Norte, Europa y Asia exhiben creatividad, una respuesta normalmente exigida por el apremio de circunstancias hostiles a la supervivencia. Las distintas especies del género *Homo* aprendieron muy pronto a utilizar herramientas y a aprovechar al máximo el inconmensurable poder de la tecnología para transformar el mundo y mejorar sus precarias existencias. Hitos como el descubrimiento del control del fuego preceden, al menos para la ciencia actual, al surgimiento de una conciencia reflexiva (el hombre que piensa sobre sí mismo y cristaliza este acto en producciones simbólicas de diversa índole), facultad que precisaba de un mayor desarrollo de los lóbulos frontales. Ignoramos si la autoconciencia nació de manera abrupta, desencadenada por una chispa radical de origen evasivo capaz de metamorfosear las estructuras neurobiológicas previas (¿una mutación fortuita?), o si resultó de un proceso evolutivo gradual. En este caso, su itinerario habría despertado paulatinamente las fuerzas cognitivas y emocionales más elevadas de la naturaleza, y habría liberado de ese letargo de inconsciencia a nuestra especie, ahora abierta a la autorreflexión, al cuestionamiento del mundo y de nosotros mismos.

Por otra parte, la autoconciencia se encuentra tan inextricablemente unida al lenguaje que cuesta distinguir ambas realidades y estimar cuándo se originó cada una de ellas. Es probable que las intensas variaciones climáticas perfiladas en el período comprendido entre el 800,000 y el 200,000 a.C., así como las que se prolongaron hasta bien entrado el Paleolítico superior y la época de las últimas glaciaciones, presionasen en una dirección evolutiva clave para el futuro perfeccionamiento del cerebro humano y, en particular, de las cortezas asociativas[8]. Factores nutricionales, sociales, geográficos... debieron de contribuir decisivamente a la aparición de esa capacidad de autorreflexión que singulariza al ser humano frente a las demás especies animales. Las noticias de la creatividad simbólica del género *Homo* se remontan a, al menos, 40,000 años atrás, como lo demuestran esas magníficas representaciones pictóricas que embellecen cuevas como Altamira y Grotte Chauvet. Ignoramos si respondían a razones rituales, gérmenes de una primitiva religiosidad, o si las escenas que esbozan esos pujantes cuadros prehistóricos se basaban en la vida cotidiana de nuestros antepasados[9]. En cualquier caso, este fenómeno de fervor artístico introduce la novedad de la reflexión[10], y es tan reciente que, a

---

[8] W. H. Calvin, *A Brain for All Seasons: Human Evolution and Abrupt Climate Change*, University of Chicago Press 2002; P. B. Demenocal, "African climate change and faunal evolution during the Pliocene–Pleistocene", *Earth and Planetary Science Letters* 220/1 (2004), 3-24.

[9] Cf. R. Dale Guthrie, *The Nature of Paleolithic Art*, Chicago University Press, Chicago 2005.

[10] En palabras de E.O. Wilson, "las artes creativas resultaron posibles como progreso evolutivo cuando los humanos desarrollaron la ca-

la luz de la dilatada historia de la vida en la Tierra, se nos antojaría desdeñable, pero que, a tenor de sus virtualidades, del elenco de tareas que desata ese poder escondido, casi misteriosamente, en las interminables redes de neuronas, glía y sinapsis que vertebran nuestro sistema nervioso central, brilla como la creación más formidable de toda la trama evolutiva.

La creatividad teleológica se encuentra ya bosquejada en logros como el empleo de herramientas y el desarrollo de la tecnología desde el *Homo habilis*, pero la autorreflexión está íntimamente asociada al simbolismo, característica insoslayable en una serie de manifestaciones creativas atribuibles al *Homo sapiens* que abandonó las cálidas sabanas de África hace unos 100,000 años y se expandió por la práctica totalidad de las regiones de la Tierra.

Las razones de esta explosión creativa (aparentemente súbita y de resonancias cámbricas) que se desató con la salida de miembros de la especie *Homo sapiens* de África para irrumpir en Europa y Asia han suscitado un profundo debate entre biólogos y antropólogos. Algunos investigadores sostienen la hipótesis de la "mutación única": una variación genética fortuita propició el surgimiento de individuos dotados de una mayor capacidad creativa, cuyos retoños serían progresivamente seleccionados por la naturaleza, al gozar de habilidades adaptativas superiores. Lo inverosímil de que una sola mutación subyazca a los incuestionables éxitos innovadores del *Homo sapiens* ha motivado la defensa de una hipótesis de carácter gradualista: el proceso se remontaría a un período anterior, y emanaría de una sucesión ininterrumpida de "triunfos" tecnológicos y sociales cosechada a lo largo de miles de años de evolución tenaz, cuya senda habría desembocado, finalmente, en ese asombroso estallido de creatividad que no cesa de despertar nuestra admiración. En palabras

---

pacidad de pensamiento abstracto. Entonces la mente humana podía formar un molde de una forma, o de una clase de objeto, o de una acción, y transmitir una representación concreta del concepto a otra mente" (*La Conquista Social de la Tierra*, Debate, Barcelona 2012, 322).

de E.O. Wilson, "esta idea viene respaldada por descubrimientos recientes del uso de pigmentos de esta antigüedad [c. 160,000 años], así como de adornos personales y de dibujos raspados sobre hueso y con ocre que datan de hace 100,000 y 70,000 años"[11].

Otra hipótesis aduce los altibajos creativos registrados en las evidencias fósiles. El poderoso efecto de intensos cambios climáticos sobre el tamaño de las poblaciones de nuestros ancestros, así como sobre el desarrollo de su cerebro y de la potencia asociativa de sus regiones corticales, implicaría que la trayectoria de innovación no tuvo por qué haber discurrido a través de cauces netamente lineales. Es posible que algunas generaciones perdiesen conocimiento, ganado de nuevo en épocas ulteriores. Al igual que el mundo occidental retrocedió científicamente después de la caída del orbe clásico, con las invasiones de los pueblos germánicos y la subsiguiente desintegración del Imperio Romano (salvados los reductos de cultivo, arte y erudición que se preservaron en ciudades como Bizancio), las condiciones climáticas adversas pudieron afectar negativamente a la evolución de la tecnología y de la inteligencia humanas, mientras que las circunstancias eventualmente más propicias las habrían catapultado, con decisión, hacia cotas más altas.

Sin embargo, y como escribe el ya citado Wilson, "las tres hipótesis no son mutuamente excluyentes"[12]. De hecho, todavía nos queda mucho por entender sobre los mecanismos precisos que gobiernan la evolución biológica y sobre el problemático nexo que vincula la necesidad y la contingencia en determinados procesos naturales, por lo que resultaría precipitado aventurarse con la formulación de hipótesis constreñidas a factores específicos. Por ejemplo, sabemos que la agricultura se inventó independientemente en varios lugares (Oriente Próximo, América…). ¿Podría haber ocurrido un fenómeno similar en el caso de

---

[11] *Op. cit.*, 108.
[12] *Op. cit.*, 109.

la "emergencia" del intelecto abstracto? Una conjunción de mutaciones azarosas proficuas para la génesis de habilidades intelectuales superiores, sostenidas a lo largo de miles de años y sometidas a las inclemencias, ocasionalmente favorables, del clima y de la geografía, podrían haber impulsado esta dinámica tan intrigante.

Lo cierto es que ignoramos si la estructuración de la realidad inanimada y biológica en niveles satisface una finalidad puntual o un entrelazamiento de pródigas circunstancias engarzadas, muchas de ellas fortuitas, pero es indisputable que los productos tecnológicos fraguados por mamíferos como el chimpancé y ciertas especies del género *Homo* sí obedecen a una intencionalidad, a un objetivo premeditado: han sido fabricados para cumplir una función que la propia constitución biológica se mostraba incapaz de acometer. Sin embargo, y frente a la mera "utilidad" biológica, un símbolo no remite a sí mismo, sino a una realidad ulterior. La mente humana se ha visto obligada a detenerse para ponderar un significado. Un símbolo apela a la subjetividad: "para mí" ese pictograma, o esa hermosa imagen de un bisonte pincelada sobre los techos de una fría cueva de la cornisa cantábrica, evoca este sentimiento, o esta idea, o este anhelo. He tenido que bucear en mi propia interioridad para forjar un símbolo. Probablemente haya requerido del lenguaje para llevar a término este sumergimiento en ese mundo insondable que me pertenece en exclusiva, en ese universo íntimo que sólo puedo compartir con los demás a través de figuraciones plasmadas en ciertos diseños abstractos, pero el símbolo indica siempre que ha entrado en juego, con toda su pujanza, la subjetividad.

Crear implica imaginar, asociar formas, ideas, acciones. Imaginar puede conceptualizarse como alumbrar mentalmente lo que aún no comparece en la realidad. La imaginación quizás no corone nunca cimas tan altas como las postuladas por el idealismo clásico alemán en su exaltación de ese "yo" que, para Fichte, "se pone" e instituye un mundo frente al mundo, casi en paralelo al cosmos físico que nos contiene, compone y circunda. Ni siquiera el genio en su epifanía, cuando se alza hacia las cúspides de lo sublime, imagina totalmente *ex novo*. Es imposible sustraerse a la pléyade de influjos sociales que nos vinculan estrechamente al pasado. El propio lenguaje traiciona esa voluntad creadora, aunque no conviene olvidar que, como dejó escrito Wilhelm von Humboldt, en el lenguaje se produce un "uso infinito de medios finitos"[13], y así como las escasas letras del alfabeto auspician una creatividad grafológica prácticamente inagotable (según se las combine oportunamente), el limitado número de elementos "matrices" no constriñe la creatividad, sino que la encauza y por ello la potencia. En lugar de desbocarse, la creatividad se cimenta de manera sólida sobre unos pilares básicos e irreductibles desde los que, sabiamente fusionados, fructifica una novedad, siempre relativa, pero al fin y al cabo novedad, al menos en el plano epistemológico.

La imaginación es capaz de sobreponerse a la realidad, a esos patrones físicos que nos sentimos tentados de considerar como la verdad última sobre el mundo y el pensamiento. La imaginación concibe nuevas geometrías, como las no euclidianas, que a la larga se muestran enormemente fructíferas para la descripción de los sistemas físicos a gran escala. Aparentemente, la imaginación desafía principios lógicos inexpugnables, como el de no-contradicción, cuando invoca la idea de una dualidad onda-corpúsculo, cuyo esclarecimiento –al menos hoy por hoy– desborda esa silogística que hemos interiorizado después de milenios de convivencia con sus oscuros fundamentos[14]. Lo que persiste es el pensar mismo, la posibilidad de articular un sentido sobre lo que nos rodea, el establecimiento de conexiones integradoras

---

[13] Citado por N. Chomsky, "Language and freedom", *Resonance* 4/3 (1999), 101.

[14] Es cierto que la dualidad onda-corpúsculo no implica una manifestación simultánea de la luz como onda y como corpúsculo. Más bien significa que, según el experimento al que la sometamos, la luz revelará características ondulatorias o corpusculares. En cualquier caso, el hecho de que pueda exhibir propiedades "aparentemente" contrarias refleja atisbos de una violación (sin duda matizable) del principio de no-contradicción.

de la multiplicidad de fenómenos que se alza ante nuestros ojos, ahora insertada en una sistemática racional, en un conjunto de proposiciones persuasivas y contrastables, pero sometidas a un constante desarrollo. Perdura siempre ese poder que atesora el intelecto humano para comprender el mundo y el pensamiento, para crear espacios simbólicos que nos permitan adaptarnos a nuevas necesidades epistemológicas. Ningún concepto, por extraño, por lejano a nuestras intuiciones más frecuentes, se evade por completo ante esa tentativa de entenderlo, de "aprehenderlo", que no cesa de albergar el espíritu. Esa fuerza para transformar, para correlacionar, para erigir puentes que vinculen simbolismos distintos, explicaciones dispares, realidades ocasionalmente divergentes, rubrica lo permanente del espíritu.

No existe, por tanto, ninguna forma *a priori* de la sensibilidad como las que Kant conjeturó[15]. Es la propia actividad creadora de la mente la que diseña formas progresivamente más sofisticadas y versátiles con la finalidad de abarcar un espacio, el del ser, el de la totalidad, de por sí inconmensurable e irreductible a cualquier forma. Todo concepto adolece de una flaqueza intrínseca. Es provisional, aunque se mantendrá siempre esa capacidad de elucidar conexiones entre conjuntos de ideas. Los conceptos nunca son rígidos: toda idea de la mente se revela flácida, perecedera, destinada a que una concepción más profunda y fértil la absorba, entierre o eleve.

---

[15] Por supuesto, no nos referimos a habilidades y a pulsiones transmitidas genéticamente y heredadas por casi todos los individuos de la especie *Homo sapiens*, sino a conceptos alumbrados por la mente humana. Por ejemplo, es posible que todos nazcamos con un programa de reconocimiento facial y con un instinto de temor a determinados animales (serpientes, arácnidos...). Los beneficios evolutivos de estas características congénitas saltan a la vista. Sin embargo, y así como difícilmente me desprenderé de la mezcla de miedo y fascinación que despiertan algunas especies vivas, sí puedo imaginar otro modelo de espacio y de tiempo. La versatilidad de las categorías de la inteligencia humana es, en principio, infinita. ¿Quién sería capaz de discernir su límite? ¿Quién vislumbraría una frontera para el progreso de la reflexión lógica, filosófica y matemática, o para la creación de nuevos imaginarios estéticos?

2. La creatividad y las formas de analogía

Parece razonable pensar que una de las fuentes más fecundas para el pensamiento creativo dimana de la asociación de conceptos, formas y contenidos. Esta vinculación entre estructuras aparentemente inconexas, o sólo relacionadas de manera tangencial, quizás propicie ideas originales y dé lugar a nuevas perspectivas iluminadoras sobre un determinado problema.

La asociación de lo distinto mediante un elemento compartido, a través de una especie de "mínimo común denominador", coincide con lo que la tradición filosófica ha denominado "analogía" (del griego *ana* –conforme a– y *logos* –término imposible de traducir, pues apela a una de las nociones más profundas alumbradas por la civilización griega, cuyo significado transparenta razón, principio, fundamento...–). Los tipos de analogía fueron ampliamente estudiados por los escolásticos en la Edad Media, en ocasiones motivados por intereses teológicos, como la elucidación de los sentidos de las Sagradas Escrituras o el esclarecimiento de la relación entre las naturalezas humana y divina en la persona del Verbo encarnado, aunque en otros muchos casos el influjo ejercido por los poderosos tratados lógicos atribuidos a Aristóteles plantó también la semilla de esta inquietud[16].

El análisis de los argumentos lógicos, de esos silogismos meticulosamente clasificados por el genio de Estagira, subyace al examen de las comparaciones legítimas (esto es, de las analogías correctas y del alcance de su validez) entre objetos similares pero no equivalentes. A diferencia de los silogismos "estrictos" e incontrovertibles (si se aceptan las premisas, las consecuencias emergen automáticamente y son irrefutables), en las analogías no cabe esperar ese grado de certeza plena que se sigue de las relaciones de consecuencia lógica. Las analogías ofrecen inferencias de certidumbre dispar, plausible, sí, pero no apodíctica. Sin embargo, reside en esta flaqueza su fecundidad teórica. No obligan a la mente a admitirlas de modo incontestable. Inclinan el pensamiento, exhiben una serie de sugerencias fructíferas y evocadoras que pueden inspirar la imaginación, pero no nos fuerzan a plegarnos ante la imbatible y fría autoridad de la lógica pura.

La analogía desempeña, por tanto, un rol heurístico, la función de un principio rector susceptible de contribuir a ampliar nuestro conocimiento. La analogía es capaz de orientarnos en el océano oscuro y tormentoso de la ciencia y de la imaginación, pero su brújula jamás se perfilará como un instrumento infalible. Insisto en esta virtud: su carácter hipotético implica que, a diferencia de la argumentación lógica estricta, en la analogía las consecuencias no tienen por qué deducirse inexorablemente de las premisas. Si al reflexionar sobre la naturaleza de la lógica nos vemos tentados de considerarla una inmensa tautología, al meditar sobre el valor del razonamiento analógico nos percataremos de su apertura intrínseca, de su provisionalidad, de su posición "precaria" frente a la gloriosa solidez de la silogística. Advertiremos, así pues, que su debilidad

---

[16] Para una exposición sistemática de las teorías filosóficas sobre la analogía, remito a la interesante y rigurosa entrada de P. Bartha, "Analogy and Analogical Reasoning", en *The Stanford Encyclopedia of Philosophy* (2013).

deductiva contrasta con su fortaleza inductiva, con su vigor para estimular los resortes de la imaginación humana.

La analogía nos traslada al reino de lo nuevo, de lo inesperado, de lo que no se ciñe fácilmente a los rígidos cánones de la lógica. La lógica brinda un armazón sintáctico para ordenar nuestros argumentos, esos discursos que pretenden capturar lo inteligible del mundo, pero impone una serie de apriorismos que no siempre se muestran provechosos para el progreso en la investigación. La analogía, en cambio, combina dimensiones de la lógica pura y de la experiencia "a-lógica"; lo *a priori* y lo *a posteriori* se reconcilian, aun efímeramente, en el razonamiento analógico. Nunca lograré verificar todas las situaciones sobre las que se aplica una determinada hipótesis científica, pero si no me atrevo a generalizar, si no me deshago de todo temor hacia el falibilismo popperiano e induzco de manera analógica, mediante la comparación de lo similar y la contextualización de lo diferente, es improbable que añada algo al vasto edificio del conocimiento. No expandiré el círculo de mi imaginación si no me dispongo a parangonar ámbitos disímiles, si no me lanzo a dibujar hipótesis que, aun desprovistas de ese borroso sueño de certeza plena que nos infunde la lógica pura, quizás ensanchen mi pensamiento presente sobre lo real y lo posible. La naturaleza constructiva de todo razonamiento analógico, el hecho de que no se limite a deducir sobre la base de unas premisas inexpugnables, sino que la necesidad lo compela a forjar estructuras nuevas, incoa un conjunto de propiedades inmensamente fértiles para el estudio de lo desconocido. Lo que aún no hunde sus raíces en el suelo de un conocimiento robusto y contrastado precisa de imaginación, de ensayo y error; exige que *construyamos* categorías quizás inexistentes para engrandecer la arquitectónica de nuestras ideas actuales y abarcar espacios ulteriores, aún inexplorados.

Y, en efecto, ¿habría inaugurado Descartes, sin el poder de la analogía, esa bella unificación entre geometría y álgebra que lo convierte en uno de los fundadores de la matemática moderna? ¿El estudio que Coulomb llevó a cabo sobre las fuerzas electrostáticas no se vio impulsado por la analogía con la ley de la atracción gravitatoria y la fórmula matemática del inverso del cuadrado de la distancia? ¿Habría descubierto Darwin la evolución de las especies por selección natural si no hubiese osado plantear analogías entre hechos dispares, entonces tenuemente relacionados pero, a la larga, ramificaciones de un fenómeno más profundo? ¿Y qué decir sobre el importante papel que han jugado las analogías en disciplinas como la lingüística histórica y la etnografía? ¿No esbozó el propio Einstein su hipótesis sobre los cuantos lumínicos como un principio heurístico para explicar el efecto fotoeléctrico en su famoso artículo de 1905?

Por supuesto, la analogía se topa con fronteras infranqueables. Cuando Bohr publicó su célebre modelo, su descripción del comportamiento de electrones y protones en el seno de los átomos imitaba el esquema de las órbitas planetarias en el sistema solar. Con posterioridad se comprobó que esta analogía era insuficiente, y se desarrolló la mecánica cuántica, quizás la teoría más poderosa creada por la mente humana en esa heroica aventura que la enfrenta a un mundo desconcertante y enigmático. La analogía con determinados fenómenos astronómicos fue útil para la incipiente física de partículas, y cumplió una importante función. Desterrada por los avances experimentales y teóricos, aún hoy sirve como una eficaz herramienta pedagógica para cuantos se introducen en el complejo y recóndito universo de la física subatómica.

Sólo la modestia del investigador previene contra un uso desaforado y engañoso de la analogía, de esas conjeturas endebles que pueden conducirnos a errores gravísimos, perpetuados de generación y generación y asentados en el imaginario colectivo. Sólo la prudencia nos protege contra los excesos del razonamiento comparativo, que también ha sido foco de incontables problemas teóricos y prácticos. Parece claro, en cualquier caso, que sin emplear esta clase de inferencias, los progresos en el conocimiento y en la originalidad estética se ralentizarían notablemente. Deberíamos aguardar la llegada de hechos firmes e indiscutibles para proponer asociaciones entre ideas e imágenes, lo que paralizaría, casi por completo, la vasta empresa del saber.

En toda analogía comparecen, al menos, tres elementos fundamentales: los dos términos analogados y la estructura (propiedad, contenido, forma...) común que quizás compartan. La analogía postula una relación, una proporcionalidad, una correspondencia entre las propiedades del primer término y las del segundo objeto analogado. ¿Por qué? Porque se sabe que ambos términos analogados ostentan una serie de características convergentes que los aproximan de manera sospechosa. Cada objeto posee su propio campo semántico, su dominio conceptual. Fijémonos, por ejemplo, en la geometría de Euclides, en la que Descartes se habría sumergido minuciosamente en sus años de juventud, mientras estudiaba en el colegio de la Flèche, regido por los siempre incansables jesuitas. La geometría de Euclides versa sobre puntos, superficies y volúmenes. Su vinculación con el espacio físico, que nosotros palpamos como tridimensional, es evidente. Euclides diseñó una geometría capaz de recoger, en su brillante libro *Los Elementos*, las aportaciones más granadas de los mejores matemáticos griegos, además de sistematizar sus propios descubrimientos. Desentrañó las propiedades de innumerables figuras pensables por la imaginación, mas estrechamente relacionadas con los cuerpos materiales que encontramos en nuestra experiencia del mundo. Tan profunda es la conexión entre la geometría de Euclides y el espacio físico que no es de extrañar que Kant la entronizara como forma *a priori* de nuestra sensibilidad: el espacio del que parte la mente humana en su acercamiento al universo físico no es otro que el de Euclides. Desde Lobachevsky, Gauss y Riemann sabemos que caben otras geometrías que rechazan el axioma de las paralelas, y la física contemporánea, sobre todo la teoría de la relatividad general, las ha utilizado de modo extraordinariamente fecundo en su descripción del cosmos a gran escala. Pero, en tiempos de Descartes, sólo un visionario futurista habría augurado la eclosión de geometrías no euclidianas. Tan interiorizada estaba en la imaginería de la humanidad la concepción del espacio adoptada por la geometría de Euclides que nadie osó, hasta el siglo XVIII, desafiar sus asunciones básicas.

¿Por qué hemos de considerar a Descartes un genio? Precisamente por haber identificado una forma inteligente de conectar dos dominios que, hasta entonces, habían discurrido por sendas divergentes: la geometría y el álgebra. Si la geometría concierne al espacio, es arduo –si obviamos el conocimiento ya adquirido y lo que hoy, como hijos de la ciencia, se nos antoja irrebatible– adivinar que posea una relación tan estrecha con el álgebra. De hecho, en el intrigante temor griego a las cantidades "irracionales" o inconmensurables que surgían al abordar ciertos problemas (como $\sqrt{2}$, longitud de la hipotenusa de un triángulo rectángulo cuyos catetos miden la unidad), en este entorpecedor *"horror irrationalis"* sólo sanable gracias a una revisión de los pilares de la aritmética y a una expansión de la idea de "número", atisbamos las dificultades que había de encarar cualquier intento de fusión entre la geometría y el álgebra.

El cultivo de esta rama de las matemáticas se remonta al origen de la civilización. Egipcios, babilonios, griegos, indios...: todos ellos contribuyeron ampliamente a la resolución de ecuaciones. Con su característico y avezado espíritu "racionalizador", preocupado no sólo por las aplicaciones prácticas sino por los fundamentos intelectuales, los griegos estudiaron la naturaleza de los números. Además, el alejandrino Diofanto examinó meticulosamente las ecuaciones de segundo grado y, en la India, Brahmagutpa ensanchó el horizonte de la imaginación aritmética al operar con el número cero. Los mayas ya lo empleaban desde el primer milenio antes de Cristo, pero la matemática europea se nutrió de los hallazgos de los sabios indios, fielmente transmitidos y refinados por los árabes. En el siglo IX, el persa Al-Juarismi escribió un tratado, de título *Al-Yabr wa al-Muqabala*, del que deriva el nombre "álgebra", consagrado también a la resolución de ecuaciones. Poco después, entre los siglos X y XI, el también persa Al-Karaji (953-1029), ingeniero y matemático nacido en Bagdad, realizó aportaciones notables al estudio de determinadas secuencias aritméticas, entre las que se contarían casos particulares del teorema del binomio generalizado por Newton casi seiscientos años más tarde. El acceso a las fuentes árabes ha permitido a los historiadores de la ciencia apreciar los hallazgos efectuados por los sabios del período islámico, aunque todavía falta mucho trabajo para conseguir una valoración justa del verdadero alcance de sus logros[17].

Pero, más allá de la fascinante y dilatada historia del álgebra, es interesante percatarse de que, desde sus albores, se había dedicado a examinar los números, sus propiedades, sus relaciones, las igualdades entre cantidades conocidas e incógnitas...: el mundo de la cantidad, en definitiva. No es evidente que la esfera de los números, de esas entidades imaginarias que nos sirven para medir la realidad, pero que no existen "fácticamente", exhiban una conexión tan profunda con las figuras geométricas. Calibramos, sí, superficies y volúmenes. Cabe "cuantificar" la geometría, pero hasta Descartes, nadie (por ahora: la historia de la ciencia nunca cesa de sorprendernos...) había pensado seriamente en la posibilidad de fundir el estudio

---

[17] No podemos detenernos a examinar el papel ejercido por las matemáticas de la era islámica en el desarrollo ulterior de esta disciplina. Parece innegable que la historiografía tradicional había postergado injustamente el rol que desempeñaron notables cultivadores del saber durante el período áureo del Islam, carencia que, en décadas más recientes, ha comenzado a subsanarse (cf. R Rashid, *Entre Arithmétique et Algèbre: Recherches sur l'Histoire des Mathématiques Arabes*, Société d'Édition Les Belles Lettres, París 1984). Cabe esperar que el acceso a un mayor número de fuentes y el estudio más profundo de las ya conocidas contribuya a esclarecer esta cuestión neurálgica a la hora de pincelar una panorámica rigurosa sobre la evolución del pensamiento filosófico, matemático y científico en Occidente.

de las operaciones básicas que llevamos a cabo mediante los números con el examen de las propiedades de los cuerpos idealizados, objeto de la geometría. Los tediosos procedimientos de los tratados geométricos contrastan con la aparente claridad y "sencillez" del manejo de números e incógnitas en las ecuaciones. Aún laten en los *Philosophiae Naturalis Principia Mathematica* de Newton, más propenso a la utilización de métodos geométricos en la física que a suplicar el auxilio de los mecanismos analíticos, instrumentos que acabarían por imponerse triunfalmente en la física y en la matemática, dada su mayor simplicidad. A lo largo de los siglos XVIII y XIX, el desarrollo de poderosos formalismos para englobar la física newtoniana y sistematizar su inmenso potencial explicativo, como los de Lagrange y Hamilton, puso de relieve la fecundidad, elegancia y sencillez de expresar las categorías de la física en lenguajes analíticos, más amplios y eficaces que las versiones puramente geométricas privilegiadas por Newton. Fusionar ambas parcelas, descubrir un puente entre dos provincias distanciadas durante siglos que, sin embargo, manifestaban una analogía fundamental (ese aspecto cuantitativo ineludible), quizás se revele como una de las ideas más felices de la ciencia. En palabras del eminente matemático francés Joseph-Louis Lagrange, cuya *Mécanique Analytique* (1811) había dotado el sistema de Newton de un soberbio vigor analítico, "mientras álgebra y geometría llevaron caminos separados, su progreso fue lento y sus aplicaciones limitadas. Pero en cuanto ambas ciencias juntaron sus fuerzas, sacaron cada una de la otra una vitalidad fresca y desde entonces desfilaron a paso ligero hacia la perfección"[18].

El mérito no recae en exclusiva sobre Descartes. El creciente interés que, desde finales del siglo XVI, había despertado el estudio de la naturaleza exigía fabricar herramientas de cuantificación, por lo que acudir a la potencia del álgebra acabaría por convertirse en un objetivo

---

[18] *Oeuvres* Gauthier-Villars, París 1867-92, vol. VII, 271.

irrenunciable. En el siglo XVII, inextricablemente unido al proceso de matematización de la ciencia (entre cuyos exponentes más ilustres destacan Galileo, Torricelli, Barrow y Newton), se asienta el concepto de función, otro magnífico descubrimiento de la inventiva matemática destinado a expandir la fecundidad de esta rama del conocimiento. Descartes, al igual que su compatriota Fermat, percibió con nitidez la superioridad de los procedimientos algebraicos sobre los geométricos a la hora de elaborar una metodología apta para la incipiente ciencia de la naturaleza[19]. Si a esta inquietud por desentrañar los mecanismos profundos que rigen el universo le sumamos preocupaciones más estrictamente matemáticas, como la medida de las superficies contenidas en el seno de figuras curvas y el cálculo de los máximos y los mínimos de una función, resultará fácil entender que, sin subestimar el genio de Descartes, el contexto intelectual ya fomentaba una inminente fusión entre la geometría y el álgebra.

Han proliferado diversas leyendas sobre cómo descubrió Descartes las famosas coordenadas que llevan su nombre, quintaesencia de la geometría algebraica, pues su pilar más sólido estriba en esa descripción numérica, "analítica", de las formas geométricas: la relación entre el lugar geométrico y las incógnitas de las ecuaciones algebraicas. Algunos dicen que se inspiró en la trayectoria de una mosca pertinaz que se perfilaba sobre el techo de su habitación, mientras el filósofo yacía, desadormecido, sobre la cama (su delicada salud había despertado la misericordia de los jesuitas ya en su etapa de colegial, quienes le permitían reposar hasta casi entrado el mediodía). Es probable. No existe una teoría general, y quizás nunca la alumbremos o tardemos mucho en vaticinarla, sobre esa preciosa chispa que enciende la luz de la creatividad en un momento determinado. Es verosímil que Descartes hubiera ponderado las estrechas correspondencias entre la

---

[19] Cf. M. Kline, *El Pensamiento Matemático de la Antigüedad a Nuestros Días*, Alianza, Madrid 1999, vol. I, 408.

geometría y el álgebra, y quizás hubiese ensayado distintos modos de formalizarla en un marco sistemático. Cuando una mente elevada piensa, infatigable y cuidadosamente, sobre una cuestión; cuando un intelecto de la potencia y del rigor que demostró tener Descartes se aventura a volcar gran parte de su energía sobre un problema, sobre un desafío, sobre un ámbito del saber; cuando un genio enfoca su formidable telescopio hacia un campo del conocimiento y penetra en él con las lentes de su fuerza y de su audacia, con toda su libertad para no temer plantearse las ideas más atrevidas y "delirantes" (lo que Schiller llama "juegos de la fantasía, cuyo encanto reside sólo en una espontánea sucesión de imágenes")[20], se produce tal convulsión, se agolpan tantas intuiciones, aletean tantas posibilidades, se establecen tantas conexiones, se procesa con tanta velocidad y profundidad la información y se imaginan tantas opciones, que en un instante impredecible, de naturaleza cuasi mística, infinitésima, inagotable, desnuda y benévola, su mente estalla fervorosamente, y el *"eureka"* de Arquímedes emerge como ese punto crítico, como ese umbral que, de franquearse, nos encamina hacia una solución o una idea innovadora y verdaderamente creativa.

La relación entre la chispa de genialidad y un momento de condiciones "propicias" que la inflamen encuentra un ejemplo formidable en otro acontecimiento dotado de especial relevancia en la trayectoria intelectual de Descartes: su descubrimiento del principio *"cogito, ergo sum"*, para muchos el acta inaugural de la filosofía moderna. Acaecido el 10 de noviembre de 1619 en la aldea bávara de Neuburg, en realidad representa el hallazgo de un innovador y fructífero método filosófico, y no sólo la invención de una proposición particular, como esa sentencia feliz que tanta fama póstuma le ha reportado al sabio francés. Descartes había vagado entre libros y tierras lejanas en busca de esa certeza que el edificio filosófico de su tiempo no le

---

[20] *Cartas sobre la Educación Estética del Hombre*, Anthropos, Barcelona 1990, 365.

proporcionaba. Como símbolo y quizás precursor de toda alma honesta que se embarca en esa aventura tan bella y profunda de surcar las sendas del saber de forma autónoma, sin capitular ante las opiniones heredadas, los juicios precipitados y las tradiciones atávicas que moldean peligrosamente el intelecto y lo distancian oscuramente de la verdad, visitó numerosas ciudades de Europa, se alistó en ejércitos, padeció en sus propias carnes los rigores de la guerra, del frío, de la carencia...

Asolado por dudas intempestivas que socavaban esos pilares tan aparentemente firmes de las monumentales *Summae* escolásticas, atestadas de palabras huecas y grandilocuentes, aprendió a admirar las matemáticas como modelo de conocimiento indisputable, como paradigma de esa certeza que tan hondamente añoraba. Despojado de esa fe en la filosofía de los antiguos y en los dogmas del cristianismo que había consolado a tantos espíritus, sólo podía profesar ahora una confianza pareja en el poder de la razón. Esta esperanza levantará en nosotros suspicacias, pero si nos percatamos de la fecundidad que ha exhibido este método y de la capacidad inherente de la razón para cuestionarse a sí misma, para flexibilizarse e incluso abrirse a otras dimensiones (el sentimiento, el saber práctico...), advertiremos que Descartes inició un proyecto enormemente fructífero, del que todavía hoy nos beneficiamos. Tan sólo empezamos a explorar, ahora pertrechados de herramientas científicas más robustas, la ductilidad de la razón y la amplitud de su verdadero alcance.

De manera elocuente lo relata en su *Discurso del Método*, en esa embrujadora y breve obra de arte, de prosa límpida, franca y envolvente, que congrega una nueva cosmovisión, destinada a transfigurar el pensamiento de Occidente. Una noche, protegido del frío junto a una estufa, en una placidez solitaria y ajeno a cuidados o pasiones que perturbaran su ánimo, "con toda la tranquilidad necesaria para entregarme a mis pensamientos"[21], Descar-

---

[21] *Discurso del Método*, Colihue, Buenos Aires 2009, 21.

tes vislumbró una serie de intuiciones luminosas que se le manifestaron en tres sueños consecutivos: no admitir verdades que no se le presentaran como evidentes, dividir las dificultades para "construir" una solución, abordar íntegramente los problemas... En resumen: esa extraña mezcla de conciencia e inconsciencia, de vigilia y letargo, de actividad y reposo que anticipó y escoltó sus ensoñaciones nocturnas, no desembocó en meras veleidades marchitas: despuntó una opción perspicaz por las ideas claras y distintas, frente a una filosofía envilecida por esos abstrusos razonamientos trabados en las sutiles mentes escolásticas, cuyo carácter intrincado ofuscaba toda percepción de la verdad. Inspirado por este manifiesto programático que resplandecía en la soledad de su espíritu y fertilizaba todos los resortes de su razón, atraca en ese puerto tan brillante que ha trascendido a la posteridad: por mucho que me afane en dudar de todo, no puedo negar que *yo pienso*. Y si pienso, existo. Puedo ahora fundar la vasta arquitectónica del saber certero sobre esa evidencia incontestable: *yo pienso*, y desde ella lanzarme al estudio del mundo, ahora con cimientos inquebrantables e impávidos.

No entraremos a discutir la filosofía de Descartes, porque nos interesa analizar su *genio*, esa capacidad de alumbrar una idea nueva y a la larga provechosa para el conocimiento humano. Lo interesante es notar cómo la espontaneidad en el surgimiento de ese concepto tan feliz e innovador vino precedida por un largo e intenso período de búsqueda. Descartes había emprendido ya un proceso de cuestionamiento de las tradiciones consuetudinarias recibidas y se hallaba predispuesto a asumir otros principios, a erigir otras columnas que sustentasen una nueva perspectiva sobre el saber humano y el progreso en la adquisición de verdades ciertas. A ese instante de espontaneidad casi absoluta, a ese infinitésimo de tiempo en el que resuenan los ecos de la genialidad propiamente dicha, lo antecede una etapa que cabría denominar de "genialidad deliberada", porque en una mente tan excepcional como la de Descartes ya había germinado la convicción de que era necesario acometer una búsqueda, arriesgarse a navegar por mares recónditos en las provincias de la filosofía e identificar una nueva fundamentación del conocimiento que no adoleciera de esa fragilidad intrínseca cuyas fisuras erosionaban los principios de la metafísica escolástica.

Otro ejemplo absolutamente extraordinario para examinar cómo opera el intelecto de un genio lo encontramos en la invención del cálculo infinitesimal, quizás la mayor creación matemática alumbrada en Occidente desde el ocaso de la geometría griega. Sus protagonistas, Newton y Leibniz, merecen ser encumbrados hasta las cimas más altas de la inteligencia humana. Disipadas ya las dudas sobre la prioridad en la autoría de un descubrimiento tan influyente, parece claro que Newton elucidó los principios del cálculo diferencial con anterioridad a Leibniz, aunque ambos genios recalaron en los fundamentos de esta nueva metodología matemática de manera independiente. Newton ha sido, sin temor a exagerar, el científico más importante de todos los tiempos, un gigante de la mecánica, de la óptica y de la matemática. Leibniz descolló en múltiples campos: filosofía, matemáticas, lógica, geología, diplomacia, teología… Su mente se hallaba absorbida no tanto por inquietudes "prácticas" (similares al estudio del movimiento de los cuerpos que tanto atraía a Newton) como por intereses más especulativos, más "metafísicos", más concernidos con nociones abstractas pero apremiantes como la de infinitud.

La universalidad de la mente de Leibniz genera una admiración quizás mayor que la suscitada por el poderoso intelecto de Newton. En Leibniz contemplamos la personificación más eminente de esas ansias antiquísimas de conocimiento total e indiviso, de ese anhelo tan profundamente humano por lograr una visión unificada del mundo y del alma, apta para hermanar ámbitos fragmentados. Leibniz encarna el deseo de absoluto, de unidad, de fusión ecuménica de ideas segmentadas y corazones rotos. Newton es el científico que desentraña las leyes de la naturaleza, pero Leibniz busca el sentido del cosmos como un todo, como una armonía bella entre la materia y el espíritu. Quiere entender por qué existe algo en lugar de nada; aspira a penetrar en la mente del Dios eterno e imbuirse de esa perspectiva de totalidad que despeje cualquier incógnita y revele el significado último de lo real y de lo posible.

Conservamos un amplio elenco de notas manuscritas de Leibniz, apuntes abigarrados pero reveladores para sondear cómo discurre la mente de un genio en los momentos previos a esa gran creación intelectual que protagonizará en breve: el "dolor" de esa víspera tan intensa, brillante y perdurable.

Ya en 1673, durante su estancia en París, influido por la lectura de los trabajos matemáticos de autores como Gregorio de St. Vincent, Fermat, Pascal, Descartes y Barrow, y seguramente orientado también por las enseñanzas que recibía de Huygens, Leibniz había abordado el problema de la obtención de las tangentes a una curva dada[22]. En un documento apasionante fechado el 29 de octubre de 1675, donde se entrelazan razonamientos geométricos y aritméticos (inspirados en sucesiones numéricas y en el estudio de las diferencias de n orden entre sus términos), Leibniz advierte que los procesos de "sumación" y "diferenciación" son inversos, y sabiamente los relaciona con las dimensiones espaciales: si diferencio un área, obtengo una longitud; si sumo ("integro", diríamos hoy) una longitud, llego a un área. Se trata de una idea latente en el trabajo de Barrow, pero que, de la mano de Leibniz, desembocará en un océano novedoso. Hasta esa fecha de 1675, el sabio alemán había concebido los valores de y (las ordenadas) como los de una sucesión, y los de x (la abscisa), como el orden en esos términos. Pero ocurre algo fascinante. Se percata de que "todos estos teoremas son ciertos para series en las que las diferencias de los términos

---

[22] Cf. M. Kline, *El Pensamiento Matemático de la Antigüedad a Nuestros Días*, Alianza, Madrid 1999, vol. I, 491-500; J.M. Child, "The manuscripts of Leibniz on his discovery of the differential calculus", *The Monist* 26/4 (1916), 577-629; C.I. Gerhardt (ed.), *Leibniz. Mathematischen Schriften*, Olms, Hildesheim 1971.

estén, con respecto a los términos mismos, en una razón que sea menor que cualquier cantidad fijada"[23]. Despunta un amanecer asombroso para el pensamiento matemático: el descubrimiento del cálculo de infinitésimos. ¿Cómo acontece? ¿Qué conflagración de ideas pululantes por el cerebro de Leibniz detona esta chispa de genialidad? Difícilmente lo dilucidaremos. Leibniz percibe con nitidez que si las diferencias entre los términos se consideran prácticamente nulas, siempre inferiores a cualquier valor dado, *tendentes* a cero (aunque no consta que Leibniz se basara en la noción actual de límite), cabe entonces desarrollar una metodología analítica que nos permita resolver todos los problemas asociados al cómputo de las tangentes a las curvas y, en consecuencia, al de las superficies encerradas bajo este tipo de figuras geométricas.

El 11 de noviembre de 1675, Leibniz resuelve, con estos métodos, el problema de hallar una curva cuya subnormal sea inversamente proporcional a la ordenada. Se sirve de conocimientos trigonométricos ya establecidos, como la semejanza de triángulos, y los vincula a los conceptos de "diferencias menores a cualquier cantidad dada" (dy, dx) que ha introducido recientemente. En 1676, Leibniz concluye que la mejor estrategia para encontrar la tangente a una curva consiste en calcular dy/dx, esto es, el cociente entre las diferencias. En noviembre de 1676, el genio de Leipzig ofrece reglas generales de diferenciación del tipo $dx^n = nx^{n-1}$ (para n enteros y fraccionarios), y deduce también la forma inversa para la integración: $\int x^n dx = \dfrac{x^{n+1}}{n+1}$. Escribe: "el razonamiento es general, y no depende de cuáles puedan ser las progresiones de las x"[24].

La creación paralela de una notación enormemente fecunda, superior a la empleada por Newton en su método de las fluxiones, propicia avances espectaculares en los

---

[23] M. Kline, *El Pensamiento Matemático de la Antigüedad a Nuestros Días*, Alianza, Madrid 1999, vol. I, 495.
[24] *Op. cit.*, 497.

siguientes años. Así, en 1680 Leibniz, aún incapaz de demostrar muchos de sus pasos (no olvidemos que, hasta el siglo XIX –gracias a matemáticos como Bolzano, Weierstrass y Cauchy–, el rigor pleno no envolvió todas las parcelas del cálculo infinitesimal), pero nutrido por intuiciones bien fundadas, Leibniz consigue diferenciar funciones más complejas y solidifica su idea de que las *dx* y las *dy* apelan, de manera respectiva, a diferencias infinitamente pequeñas en las abscisas y las ordenadas. El primer artículo íntegramente dedicado al nuevo método de cálculo lo publica en 1684 en la revista *Acta Eruditorum* de Leipzig[25]. En 1686 aparece otro texto suyo en el que identifica la ecuación diferencial para la cicloide, y en artículos posteriores derivará las funciones logarítmica y exponencial. Leibniz, un volcán en pura ebullición de cuyo intelecto no cesaban de emanar ideas nuevas, era menos sistemático que los hermanos Bernoulli, quienes desempeñarían un papel clave para que la obra de Leibniz fructificase en una herramienta matemática robusta.

¿Cuál es el mecanismo exacto y último que subyace a la creatividad insólita de algunas mentes, como las de Descartes y Leibniz? Lo ignoramos. Ojalá ahondemos paulatinamente en los detalles más ínfimos del acontecer creativo, y así esclarezcamos los cauces que vertebran esta maravilla de la mente humana, esta capacidad para avivar la prodigiosa llama de lo nuevo. Sospecho que el "engranaje" cerebral ha de asemejarse al que propicia esa eclosión

---

[25] Se trata del artículo seminal "Nova methodus pro maximis et minimis, itemque tangentibus, quae nec fractas nec irrationales quantitates moratur, et singulare pro illis calculi genus", *Acta Eruditorum* 3 (1684), 467-473. El estudio de los manuscritos de Leibniz (por ejemplo, en las ediciones elaboradas por C.I. Gerhardt y C. Couturat), en su mayoría inéditos hasta décadas e incluso siglos después de su muerte, nos revela un mundo fascinante, un torrente de ideas, fiel reflejo de su saber universal, de su talento incesante para explorar nuevas áreas del conocimiento e inundar cada una de estas parcelas con planteamientos originales. Pocos intelectos han gozado de una amplitud de intereses tan conmovedora y de unas habilidades tan versátiles como la mente de Leibniz, personificación del genio.

de sueños y de fantasías inconscientes que nos acompaña casi todas las noches. Las imágenes que pueblan nuestros sueños no pueden obedecer a la casualidad: se abastecen siempre de experiencias previas, de preocupaciones que nos han atormentado, de intereses intelectuales, de impresiones destacadas que se han grabado profundamente en nuestra memoria. La materia que los moldea suele proceder de personas, de conceptos, de eventos que han llegado a nosotros durante ese día o en las jornadas previas. La intensidad de lo vivido parece demandar una "ruptura", la configuración de un nuevo mundo que se aleje deliberadamente de la realidad, aunque lo conformen acciones y sucesos que hemos palpado por nosotros mismos. Esa mezcla de delirio y realidad que define todo sueño mitiga una tensión demasiado punzante entre nuestro riquísimo mundo interior y las evidencias indoblegables que emanan de la vida ordinaria. El sueño reconcilia esos dos océanos tempestuosos mediante la creación de un escenario nuevo, donde la imaginación aletea libremente y se siente legitimada para sobrevolar los cielos que tanto le fascinan.

Quizás la mente del genio se encuentre sometida a tal cantidad de "tensiones", de inquietudes, de presiones por pensar, con un exceso de inteligencia, sobre una temática concreta, que esa angustia tan hiriente sólo se sane mediante una "desconexión" puntual, mediante una "explosión" volcánica detonada por un cúmulo ingente de ideas, como si el fruto hubiera madurado tanto que cae espontáneamente y prodiga ahora su savia. Esta descarga ocasional, esta feliz irrupción de lo nuevo, vincula repentinamente lo que se le antojaba dispar. Se alza entonces ante sus ojos esa tierra prometida por la que había suspirado, y sus pies se posan sobre un dorado de imaginación que descubre horizontes imprevistos.

La propia intensidad psicológica a la que se enfrenta el genio, esa necesidad irreprimible de verter sus cuantiosas energías mentales sobre un problema o una empresa estética, genera tensiones estruendosas. Fluye demasiado dinamismo. Se saturan las redes eléctricas de su intelecto y, en ese estrépito vehemente que todo lo cortocircuita, se desvela un espíritu antes aletargado, y florece la creatividad. Pero, recordémoslo, no se trata de un fenómeno meramente fortuito. El genio ya se ha entregado en cuerpo y alma a pensar sobre esa cuestión. Ese hacinamiento de intuiciones amontonadas en las colinas de su imaginación es capaz de propiciar analogías fecundas, asociaciones fértiles entre los elementos que allí concurren, encomiables juegos espirituales que no se ciñen a parámetros prestablecidos, mas vislumbran lo nuevo. Su finura analítica ha logrado diseccionar esas categorías y esas experiencias hasta percibir sus fundamentos, sus núcleos primigenios, de manera que una mente bendecida con semejante poder, con semejante inteligencia, con semejante sensibilidad, con semejante vigor asimilativo, arriba a las puertas de una noción auténticamente creativa, y es sólo cuestión de tiempo, de fortuna y de algún estímulo minúsculo que prenda su chispa inflamable para que se desencadene un verdadero éxtasis creativo y culmine el doloroso parto de una idea. Además, esta mente tan elevada ya ha concentrado su atención sobre objetos próximos, relacionables, no absolutamente extrínsecos y dispares. Tanto la geometría como el álgebra abordan problemas cuantitativos, "mensurables", susceptibles de análisis y "descomposición" en unos elementos básicos. Una longitud, una superficie y un volumen se expresan mediante magnitudes cuantificables. El álgebra versa sobre números, conocidos u ocultos, que constituyen igualdades, "ecuaciones" orquestadas mediante términos que se corresponden mutuamente.

En su comprensión del mundo, la mente humana se ve obligada a postular que toda entidad del universo guarda siempre una analogía con las demás, por recóndita y aparentemente inaccesible. Como escribió el gran economista británico John Maynard Keynes, "el alcance de la variedad en el universo está limitado de tal forma que no existe un objeto tan complejo que sus cualidades caigan en un número infinito de grupos independientes"[26].

---

[26] *A Treatise on Probability*, Macmillan, Londres 1921, 258.

Todo resulta, *a priori*, susceptible de integrarse en un paradigma que respete las similitudes y las desemejanzas, las identidades y las diferencias entre los objetos del universo y del pensamiento. La grandiosa cadena causal que todo lo vincula, ese tejido que hilvana la totalidad del bordado cósmico, apoyaría esta hipótesis tan plausible y quizás necesaria. Pero ¿cómo excluir un ámbito absolutamente ajeno a toda analogía? ¿Cómo descartar que los descubrimientos futuros de la ciencia y una mayor profundización en los terrenos del pensamiento puro desvelen atisbos de una novedad no reductible a los patrones que ya conocemos? Ciertamente, ese espacio tan original debería "adecuarse", de alguna manera, a las leyes experimentales y a los principios lógicos que la humanidad ha esclarecido y cultivado durante siglos. ¿O no? ¿Por qué violentar de ese modo la realidad y no asumir que quizás el ser desborde el pensamiento? ¿Por qué no soñar con una ampliación auténtica de los cánones de la lógica?

El postulado de la unidad del mundo implica que no puedo fragmentar el universo en secciones inconexas: toda la materia ha de relacionarse *quodammodo*. En palabras de Poincaré, "toda generalización supone en cierta medida la creencia en la unidad y en la simplicidad de la naturaleza (…) Si las distintas partes del universo no fueran como los órganos de un mismo cuerpo, no actuarían unas sobre otras, se ignorarían mutuamente; y nosotros, en particular, no conoceríamos más que una sola", pero "no es seguro que la naturaleza sea simple"[27]. Sin embargo, tanto la unidad como la simplicidad representan dos postulados que impone el pensamiento sobre la realidad: "la razón exige unidad, pero la naturaleza exige variedad, y el hombre es reclamado por ambas legislaciones", escribe Schiller[28]. No puede eximirse de obrar así, porque pensar conlleva relacionar, establecer proporciones entre lo distinto y elucidar un vínculo que justifique esas diferen-

---
[27] *Ciencia e Hipótesis*, Austral, Madrid 2002, 185.
[28] *Cartas sobre la Educación Estética del Hombre*, Anthropos, Barcelona 1990, 131.

cias. En cuanto a la simplicidad, se trata de un principio de economía epistemológica muy fructífero, pero no siempre verificado. La explicación más simple no tiene por qué ser la correcta. Sí es razonable creer que, entre explicaciones igualmente probables, hemos de preferir la más simple (la economía que sugiere la célebre navaja de Ockham), pero jamás demostraremos que esta elección se deba a una necesidad intrínseca, enraizada en la lógica pura: todo apunta a motivos de conveniencia y utilidad.

La unidad del mundo constituye una hipótesis, sin duda muy probable, quizás irrenunciable, pero siempre una conjetura heurística que nos conforta y flanquea en nuestra indagación racional sobre la maravillosa y desconcertante diversidad del cosmos. Suficientes quebraderos de cabeza nos inflige la disparidad entre la mente y la materia, ese abismo denso y casi insalvable que sólo hemos aprendido a cruzar con timidez en las últimas décadas (tras haber generado numerosos cismas epistemológicos e incalculables posturas dualistas), como para tolerar un "fraccionamiento" en el seno de la materia misma, cercenada en entidades inconmensurables. Los desarrollos en el terreno de la mecánica cuántica no sólo han alterado nuestra visión de la física, sino que seguramente nos reserven sorpresas aún mayores y más desafiantes para el orgullo indómito de la razón humana.

Kant se afanó en probar que la mente humana posee un aparato de categorías aprioristicas que no se inducen de la realidad. En su *Crítica de la Razón Pura*, el filósofo de Königsberg las dedujo de los modos posibles de juzgar. Pero ¿por qué contamos con éstas (sustancia, accidente, causa, efecto...) y no con otras categorías? ¿Por qué discurren nuestros juicios de la forma en que lo hacen? Gracias a la neurociencia y a nuestro creciente entendimiento sobre cómo operan los procesos evolutivos, nos hemos encaramado a una plataforma incomparable desde la que esclarecer este misterio y sustentar biológicamente los fundamentos de la lógica.

Crear, en su sentido más profundo, ha de soñar con aproximarse a ese acto de engendrar *ex nihilo* que han imaginado tantos teólogos y artistas, a esa irrupción súbita de la que habla Leibniz: "las mónadas no pueden comenzar ni acabar más que de repente, esto es, no pueden comenzar más que por creación, ni acabar, a no ser por aniquilación"[29]. Crear una nueva mónada, una nueva unidad metafísica simple, una nueva sustancia irreductible, una nuevo cosmos que "exprese el universo a su manera", evoca ese acto casi milagroso, ese aparente privilegio de los genios y de los espíritus más sublimes que no cesa de seducir la imaginación humana.

Ha de existir un hiato nítido, una clara delimitación entre el infinitésimo previo al surgimiento de la intuición creadora y su emergencia efectiva. Tiene que ser posible distinguir ese momento creativo, esa disyunción, esa advertencia de una forma nueva de afrontar un problema o de concebir una idea. Debe regir una ley análoga a la del tercio excluso. El proceso verdaderamente creativo, aquél que satisface las más altas exigencias de brillantez y originalidad que cabe discernir, no puede obedecer a una secuencia meramente lineal: se produce una ruptura en el seno de esa ficticia simetría que imperaba en la morada del pensamiento. Quizás nuestro intelecto se vea conminado a ordenar el mundo sobre la base de unos patrones tajantemente acotados por fronteras robustas, sólo perceptibles para unos pocos espíritus agraciados con una mayor agilidad mental. Quizás la llama de la creatividad se avive precisamente cuando la "energía" intuitiva acumulada desborda esas delineaciones establecidas por los esquemas que empleamos para categorizar la realidad. Un flujo creador franquea entonces los borrosos límites de lo imaginado y se explaya libremente sobre un espacio nuevo cuyas irradiaciones luminosas nos llenan de asombro.

El pensamiento siempre se sobrepondrá a toda desconexión, a toda segmentación del objeto de estudio, porque su labor estriba en erigir puentes que engranen parcelas heterogéneas. Pensar entraña *relacionar*, ese acto plasmado

---

[29] *Monadología*, Pentalfa, Oviedo 1981, n. 6.

en el *legein* que tan fructíferamente inspiró a los primeros filósofos jonios. Pero este ensamblaje intelectual muchas veces implica una vulneración de la inherente complejidad del mundo. Perseguir la unidad por encima de todo representa una tarea noble, encomiable, un manantial de empeños científicos y sapienciales que han dignificado a nuestra estirpe, pero no olvidemos que la meta más encumbrada de la mente apela a la comprensión misma, al deleite de captar las semejanzas y las diferencias, los vínculos y los distanciamientos. *Crear* converge con ese anhelo de sondear el mundo en su hondura, en su pureza, en su verdadero ser, para así aspirar a esculpir un nuevo cosmos, capaz de dilatar los límites de lo existente y de elevar el pensamiento. La unidad viene más tarde, y ha de acoplarse pacíficamente a la pluralidad de lo real.

La emergencia gradual de sus facultades psíquicas ha permitido a los seres humanos percatarse de determinadas verdades lógicas que tomamos como evidentes por sí mismas (por ejemplo, el principio de no contradicción, que remite, después de todo, a la ley de la identidad: $A=A$, *ergo* $-A=-A$). Esta ley nunca dejará de cumplirse, de la misma manera que el teorema de Pitágoras nunca se despojará de su carácter verdadero en el contexto de la geometría euclidiana. Las leyes fundamentales de la lógica, pilares de su autoconsistencia, constituyen axiomas de cuya sujeción no puedo sustraerme a la hora de abordar ciertos territorios de la realidad y del pensamiento, pero nada me garantiza que, en un futuro, la mente escrute nuevas leyes e incluso relativice el campo de aplicación de las anteriores gracias a contemplar situaciones más sofisticadas. Este fenómeno ensancharía apreciablemente el alcance de mi imaginación "lógica". Basta con reparar en la importancia del trabajo del matemático Georg Cantor sobre los transfinitos y los conjuntos infinitos, en el desarrollo de lógicas no clásicas (polivalentes, probabilísticas, modales...) o en la actualidad de algunos debates sobre el formalismo y el significado de la mecánica cuántica. Entre el ser y la nada subsiste un espacio potencialmente infinito: el de lo posible. Frente a la reducción de las opciones ontológicas a pares antitéticos, el examen profundo de la realidad nos muestra un vasto elenco de términos medios esenciales para una correcta percepción de los resortes que sustentan la naturaleza física y el pensamiento humano. Es innegable que persiste una dualidad insalvable entre ser y no ser, o entre verdad y falsedad, cuando nos internamos en los problemas primordiales de la razón, pues lo posible, si se erige en real, cae en los dominios del tercio excluso. Sólo cabe esperar que este dualismo inexorable ceda paulatinamente el testigo a una conciencia más lúcida de la unidad primaria que todo lo liga, en un monismo plural que revele, sí, el núcleo común último cuya savia integra naturaleza y pensamiento, pero también manifieste cómo de esa unidad primigenia brotan innumerables posibilidades de concreción ontológica y epistemológica, cuya exploración siempre puede engrandecer el horizonte de la racionalidad humana y desterrar absolutos marchitos.

En incontables ocasiones, lo que consideramos "sentido común" o evidencia lógica apodíctica responde a la pobreza de nuestra fantasía y al precario avance de la investigación. Nadie puede desmentir que, el día de mañana, según se incrementen los recursos de nuestra abstracción y advirtamos la relevancia de nuevos hechos y modos de argumentar, algunas premisas de las que hoy parte nuestra razón sean matizadas y subsumidas en formas lógicas más fundamentales o, al menos, más abarcadoras. Nadie puede descartar que los lógicos y matemáticos del futuro desvelen nuevos sistemas axiomáticos cuyos edificios, desde bases divergentes, desemboquen en conclusiones capaces de desconcertar la intuición humana y de expandir el difuso círculo de lo concebible. La verdad permanente no reside en la elección necesaria de tales o cuales axiomas, sino en el lazo inderogable que siempre se instaurará entre un axioma y sus consecuencias lógicas. Se trata, eso sí, de una verdad "relativa" a la conexión entre axiomas y derivaciones legítimamente amparadas en ellos, por lo que se nos antoja enormemente complicado probar que refleje una especie de mundo lógico eterno e inmutable, perteneciente a una porción de realidad enajenada del acontecer natural del universo.

Dentro de esta apasionante búsqueda de ideas que amplíen de manera radical la esfera de lo posible, de lo intuitivo, de lo imaginable, del entero y profundo ámbito del pensamiento; dentro de esta tentativa prometeica por exceder cánones que parecen inexpugnables y por traspasar los muros de horizontes absolutamente novedosos para el intelecto humano, los dos últimos siglos han presenciado una serie de descubrimientos lógicos, matemáticos y científicos inmensamente prometedores. Sin ánimo de ser exhaustivos, reseñaremos algunos de los más importantes:

1) El hallazgo de las geometrías no euclídeas: a finales del siglo XVIII y principios del XIX, matemáticos como Gauss, Lobachevsky, Bolyai y Riemann se percataron de un hecho extraordinario: prescindir del axioma de las paralelas establecido por Euclides hacía más de dos mil años no conducía a absurdos, a enunciados claramente contradictorios, sino a modelos geométricos perfectamente inteligibles[30]. La propia axiomatización de la geo-

---

[30] El jesuita italiano Giovanni Girolamo Saccheri (1667-1733) parece haberse adelantado casi un siglo a estos logros, aunque se limitó a especular con una geometría desprovista del quinto axioma de Euclides, y creyó —erróneamente- haber demostrado que conducía a absurdos insalvables. Además, y como sucede en tantos episodios ilustres de la historia de la ciencia, la pléyade de precedentes podría retrotraerse a etapas mucho más antiguas, incluso al período islámico, según lo exigente que resulte el listón impuesto a la hora de considerar qué constituye una contribución verdaderamente pionera y qué esconde sólo meras intuiciones escasa y vagamente elaboradas. Es por todos conocidos que Aristarco de Samos diseñó un modelo heliocéntrico siglos antes que Copérnico, pero ¿acaso le resta méritos al astrónomo polaco, el primero en proponer un sistema matemático auténticamente fecundo para formalizar la intuición de que el Sol, y no la Tierra, es el centro del universo? En la célebre correspondencia entre Leibniz y Clarke, el filósofo alemán sugirió una idea relativista del tiempo. Sin embargo, ¿supone esta afirmación que se anticipó a la teoría física desarrollada por Poincaré, Lorentz y Einstein casi dos siglos más tarde? En absoluto. El elenco de intuiciones posibles no es, por desgracia,

metría operada por Euclides abría la puerta a una extensión imaginativa de sus enunciados. En palabras de Riemann, "la geometría presupone como algo dado, tanto el concepto de espacio, como los primeros conceptos básicos para las construcciones en el espacio. De ellos da sólo definiciones nominales, mientras que las especificaciones esenciales se presentan en forma de axiomas. Con ello queda a oscuras si su relación es necesaria, ni en qué medida lo es, ni aún si, a priori, es posible"[31]. Esta hermosa ampliación de la idea de lo posible referente al espacio y a la configuración de los cuerpos en su seno ofrece implicaciones del máximo interés, no sólo por su papel central en la formulación matemática de la teoría de la relatividad general de Einstein, sino, más aún, por la victoria que representa a la hora de superar las hipotéticamente inexorables limitaciones de la lógica geométrica humana. Caben otras concepciones del espacio; es posible diseñar geometrías plenamente racionales (hiperbólicas, elípticas…) si incumplimos el axioma de las paralelas. No estamos condenados a concebir el espacio según patrones intuitivos heredados de nuestros ancestros y transmitidos de generación en generación, como un elenco de categorías apriorísticas de cuyo in-

---

tan amplio como para descubrir una idea absolutamente pura, virginal, intacta, jamás percibida por ninguna mente humana, como un amanecer que despuntase por vez primera y prístina sobre el difuso horizonte del intelecto. Lo importante es la fertilidad que una cierta noción haya encontrado gracias a un autor concreto, gracias a quien ha sabido extraer todo su jugo y ponderar sus verdaderas consecuencias. Sostener la relatividad del tiempo no es, después de todo, una opción tan inverosímil y complicada; entender cabalmente lo que implica y ser capaz de concebir un modelo teórico que la sustente entraña una empresa indudablemente más ardua y acuciosa.

[31] B. Riemann, "Sobre las hipótesis en que se funda la geometría", en S.W. Hawking (ed.), *Dios Creó los Números. Los Descubrimientos Matemáticos que Cambiaron la Historia*, Crítica, Barcelona 2006, 751.

flujo nunca podamos desprendernos. Esta libertad epistemológica, esta autonomía de la idea, del pensamiento puro, de la racionalidad cuando se ensancha y desafía reglas que ya no consideramos irrevocables, ha plantado una vigorosa semilla de confianza en la capacidad de nuestra mente para "visualizar" lo nuevo, para expandir el círculo de lo posible y crear escenarios intelectuales no presagiados. Se atisbaba ya en el desarrollo moderno de ciertas ramas de la matemática que retaban el sentido común (al menos en su acepción griega), como el estudio de los números irracionales y de los complejos. El potencial que exhiben numerosas creaciones de la matemática como lenguajes aptos para expresar las sofisticaciones del mundo físico no puede dejar de asombrarnos y de espolear los resortes de nuestra reflexión. La "feliz coincidencia"[32] entre las matemáticas y la ciencia natural, cuyo enigmático paralelismo ha permitido que notables invenciones matemáticas (por ejemplo, la teoría de grupos y la topología de los nudos) hayan encontrado aplicaciones fecundas como soportes de múltiples modelos físicos y químicos, ha de remitir a la estructura misma del cosmos y del pensamiento. Tampoco resulta aventurado postular una isomorfía básica entre ambos polos del universo, aunque preservemos un "exceso" de realidad inagotable para el frágil intelecto humano. La lógica no hace sino simbolizar relaciones posibles entre elementos distintos, siempre en clave idealizada; la ciencia reproduce,

---

[32] Cf. E. P. Wigner, "The unreasonable effectiveness of mathematics in the natural sciences. Richard courant lecture in mathematical sciences delivered at New York University, May 11, 1959", *Communications on Pure and Applied Mathematics* 13/1 (1960), 1-14. Este interrogante, que ha intrigado a científicos de la talla de Einstein o Wigner, aún hoy despierta fascinación. Cf. M. Livio, "Why math works", *Scientific American* 305/2 (2011), 80-83.

dentro de un marco explicativo, esas proporciones que vinculan íntimamente las partes del todo natural. Por supuesto, sus hipótesis conquistan éxitos eventuales que no cesan de nutrir nuestra admiración por su fertilidad especulativa, pero en no pocas ocasiones sucumben, derrotadas por la dificultad de integrar el vasto espacio de la materia en la angostura de nuestras categorías intelectuales. Estos fracasos inexorables prestan un servicio enormemente valioso a la epopeya científica, porque nos obligan a buscar paradigmas más refinados que aquilaten nuestros conceptos y acojan una mayor y más profunda cantidad de fenómenos empíricos. Una concatenación de hipótesis creativas y filtros experimentales, destinados a seleccionar las conjeturas válidas o revestidas de un mayor grado de verosimilitud, define el itinerario de la ciencia, de esta empresa fastuosa encaminada progresivamente hacia una meta, la de la racionalización absoluta, que de manera necesaria se revela como un horizonte asintótico, como un fuego divino anhelado por las infatigables aspiraciones del hombre, mas sujeto a una prohibición fundamental y para nosotros incomprensible, custodiado en cimas demasiado altas y recónditas.

2) Los trabajos de Georg Cantor sobre la teoría de conjuntos y los números transfinitos, motivo de agrias críticas en su época –finales del siglo XIX–, pero hoy una pieza clave de la lógica y de la matemática, ponen de relieve la posibilidad de desbordar nuestra noción intuitiva de infinito. Con su desarrollo pionero de la teoría de conjuntos, Cantor realizó contribuciones de notable importancia al estudio de los fundamentos de la matemática. Definió un "conjunto" [*Menge*] como cualquier agrupación en un todo [*Zusammen-*

fassung zu einem Ganzem][33]. Cualquier objeto de la intuición o del pensamiento, cualquier entidad inmediatamente percibida o susceptible de construirse en virtud de sofisticados mecanismos mentales, puede formar parte de un conjunto. Al elaborar un tratamiento sistemático de estos conjuntos, de estas agrupaciones lógicas, Cantor advirtió que existían distintos tipos de infinito según el conjunto que describieran. Definió $\aleph_0$ como un número transfinito, es decir, no igual a ningún número finito miembro del conjunto integrado por la totalidad de los cardinales finitos. $\aleph_0$ constituye el menor cardinal transfinito y Cantor probó que representa un elemento de cualquier conjunto transfinito. Sus investigaciones sobre los transfinitos revelaron que existen diversos tipos de infinito, que caben conjuntos infinitos numerables[34] y que axiomas de la intuición supuestamente ajenos a cualquier atisbo de duda, como "el todo es mayor que sus partes", no son siempre verdaderos ($\aleph_0$ es el menor cardinal transfinito, pero figura como elemento de cualquier conjunto transfinito

---

[33] Cantor también define un conjunto o agregado como "*jedes Viele, welches sich als Eines denken lasst*" (toda multiplicidad que puede pensarse como unidad): una agrupación de elementos insertada en el seno de una totalidad en virtud de una ley (véase G. Cantor, *Contributions to the Founding of the Theory of Transfinite Numbers*, Dover, Nueva York 1915, 54).

[34] Este hecho parece poner en tela de juicio el célebre argumento aristotélico destinado a probar la existencia necesaria de un primer motor. Según el Estagirita no sería legítimo retroceder infinitamente en la cadena de las causas, pues entonces jamás se habría iniciado "realmente" el movimiento. Los descubrimientos de Cantor sobre conjuntos infinitos numerables demuestran que cabe imaginar un entrelazamiento infinito de causas y de efectos en cuyo seno los elementos individuales no pierden su carácter "finito", "delimitable". Aunque extrapolar razonamientos puramente lógicos a cuestiones de índole cosmológica resulta, en ocasiones, precipitado, el trabajo de Cantor revela al menos la posibilidad teórica de concebir una cadena prolongada *ad infinitum* pero compuesta por integrantes finitos.

y no tiene por qué ser menor al cardinal del conjunto al que pertenece). La obra precursora de Cantor se sitúa en el origen de una brillante estela de hallazgos en el ámbito de la lógica y de la fundamentación de la matemática que ha surcado el siglo XX. Claro está que Cantor se apoya en relaciones lógicas no conculcadas (leyes de asociación, de no contradicción, etc.)[35], pero lo más llamativo de sus indagaciones estriba precisamente en su gran fecundidad filosófica: mostró que era posible, desde los principios de la lógica, rebasar las intuiciones tradicionalmente albergadas sobre lo infinito y las relaciones entre el todo y sus partes. De nuevo, un bello triunfo sobre barreras que la mente del hombre se había sentido tentada de

---

[35] Los trabajos sobre lógicas polivalentes, a los que hemos aludido fugazmente, apuntan hacia una progresiva ruptura con la tiranía, de apariencia inexorable, que ejerce el principio de no contradicción. Desbordar esta ley, rebasar su alcance, concebir un pensamiento capaz de plantearse escenarios ajenos a la primacía de principios como el de identidad y el de no contradicción, simbolizaría quizás el mayor triunfo de la imaginación, de la mente en su libre discurrir, sobre el rígido imperio de la necesidad. Cuando establecemos que A nunca puede equivaler a "no A", ¿qué queremos decir? Después de todo, nos referimos a que lo irreductible de A, aquello que podríamos equiparar con su esencia hipotética, nunca puede ser igual a su negación. El problema reside en la imposibilidad de tomar "A" en cuanto tal: nunca tenemos A en su pureza, nunca llegamos a una unidad absolutamente límpida y por tanto igual a sí misma, pues sólo en un infinitésimo de tiempo (real o conjeturado) penetraríamos en ese *noúmeno* inasible que sintetiza la esencia de un determinado objeto. El principio de no contradicción fija un límite para el infinitésimo temporal de A, para ese instante incapturable en el que A es verdaderamente igual a sí mismo; pero el infinitésimo no "existe como tal", al menos de modo intuitivo (en todo caso, se trata de un supuesto que exige una meticulosa ponderación), por lo que nada es nunca y estrictamente igual a sí mismo si no hacemos abstracción del tiempo. Sólo una adecuada comprensión de lo infinitésimo (tan íntimamente relacionado con lo infinito que no es aventurado sostener que las reflexiones de Cantor también pueden resultar muy valiosas para explorar esta noción) nos ayudará a entender el significado exacto y más profundo del principio de no contradicción, así como a vislumbrar su superación.

considerar como confines infranqueables[36]. Es inevitable que nos preguntemos: ¿qué le queda por descubrir a la inventiva matemática del hombre?[37] Ante el dilema de contemplar la matemática como fabricación o descubrimiento, paulatinamente apreciamos cómo, en el acto mismo de crear la matemática, la inteligencia desvela las auténticas posibilidades del pensamiento humano.

3) El desarrollo de la mecánica cuántica, una de las proezas más destacadas de la física, ha desafiado nuestra intuición ordinaria y ha desterrado concepciones presentes en el espíritu científico durante siglos, al mostrar que los observables con los que opera esta teoría responden a patrones probabilísticos, no a cantidades estrictamente "deter-

---

[36] Por descabellado que parezca, ¿cabría ensayar una ampliación de ideas como "nada", "cero" y "conjunto vacío" análoga a la realizada por Cantor con el concepto de infinitud? ¿Sería posible descubrir distintas clases de "nada"? El conjunto vacío es subconjunto de todo conjunto, de modo intrigantemente similar a como $\aleph_0$ es un elemento de todo conjunto transfinito.

[37] Por ejemplo, ¿sería posible concebir clases distintas de números a las ya contempladas por la matemática: naturales, racionales, reales, imaginarios…? El número i era imposible, "no existía" antes de que los matemáticos se percataran de su utilidad práctica y, con una audacia verdaderamente fecunda para el desarrollo de la ciencia, osaran alumbrarlo. Sabemos que no es posible la "raíz cero" de un número ($\sqrt[0]{n}$), salvo en el caso de la unidad, porque ninguna otra cifra elevada a cero producirá una cantidad distinta de 1. Además, la raíz cero de 1 posee infinitas soluciones, pues cualquier número elevado a cero equivale a 1. Pero la mente humana puede postular, *ex hypothesi*, lo que se nos antoja esquivo a toda comprensión puramente racional (en su acepción más rígida, menos flexible, menos apta para explorar otras dimensiones del intelecto, de su coherencia y de su consistencia). Puede inventar un número imposible que, elevado a cero, genere cualquier cantidad arbitraria, y también puede, en sintonía con la estela pionera trazada por Cantor, estudiar sistemáticamente las indeterminaciones clásicas de la matemática (como $x/0$, $y/0$…) e investigar si en realidad responden a diferentes tipos, de manera que consideremos $x/0$ como una entidad diferente de $y/0$, de forma análoga a como hemos advertido la existencia de diversas clases de infinito. Obviamente, se trata de meras especulaciones destinadas a ilustrar una convicción básica: la creatividad matemática del ser humano debe carecer de límites precisos.

minadas". La incertidumbre cuántica, su carácter fundamental, no subsidiario de la imprecisión inderogable de nuestros instrumentos de medida o de las flaquezas irremisibles de nuestro cerebro, no sólo sepulta los sueños de atesorar un conocimiento absoluto de la realidad y de agotar intelectualmente lo dado, no sólo impugna una mente laplaciana[38], sino que, en sus implicaciones más desconcertantes (por ejemplo, el entrelazamiento cuántico), también nos obliga a redefinir nociones como identidad, localidad e instantaneidad.

4) La teoría de la relatividad, en sus versiones especial y generalizada, ha reconstruido la física sin apelar a nociones tradicionales como simultaneidad, tiempo absoluto e espacio absoluto. Desde los sencillos postulados de la validez universal de las leyes de la naturaleza en todos los marcos de

---

[38] El célebre texto de Laplace reza de este modo: "Así pues, hemos de considerar el estado actual del universo como el efecto de su estado anterior y como la causa del que ha de seguirle. Una inteligencia que en un momento determinado conociera todas las fuerzas que animan a la naturaleza, así como la situación respectiva de los seres que la componen, si además fuera lo suficientemente amplia como para someter a análisis tales datos, podría abarcar en una sola fórmula los movimientos de los cuerpos más grandes del universo y los del átomo más ligero; nada le resultaría incierto y tanto el futuro como el pasado estarían presentes ante sus ojos. El espíritu humano ofrece, en la perfección que ha sabido dar a la astronomía, un débil esbozo de esta inteligencia. Sus descubrimientos en mecánica y geometría, junto con el de la gravitación universal, le han puesto en condiciones de abarcar en las mismas expresiones analíticas los estados pasados y futuros del sistema del mundo. Aplicando el mismo método a algunos otros objetos de su conocimiento, ha logrado reducir a leyes generales los fenómenos observados y a prever aquellos otros que deben producirse en ciertas circunstancias. Todos sus esfuerzos por buscar la verdad tienden a aproximarlo continuamente a la inteligencia que acabamos de imaginar, pero de la que siempre permanecerá infinitamente alejado. Esta tendencia, propia de la especie humana, es la que le hace superior a los animales, y sus progresos en este ámbito, lo que distingue a las naciones y los siglos y cimenta su verdadera gloria" (*Ensayo Filosófico sobre las Probabilidades*, Alianza, Madrid 1985, incluido en S. Hawking (ed.), *Dios Creó los Números*, Crítica, Barcelona 2006, 362).

referencia inerciales y la constancia de la velocidad de la luz en el vacío, ha propiciado importantes descubrimientos que, con el desarrollo y la aplicación de la relatividad general, han impulsado notablemente el campo de la cosmología. Este desafío a intuiciones aparentemente irremplazables, esta gigantomaquia contra percepciones impresas a fuego vivo en la imaginación humana, constituye un logro de dimensiones excepcionales que permite albergar una esperanza sólida en la victoria venidera sobre toda frontera que confine el pensamiento a cualquier tipo de margen u orilla intransitable. Delimitar rígidamente el ámbito de lo posible, de lo conceptualizable, de lo "inteligible", resulta más complicado tras habernos visto expuestos a la mecánica cuántica y a la física relativista.

5) Los dos teoremas de incompletitud de Gödel, sobre todo el primero, no han cesado de generar un debate apasionante sobre los límites de la lógica, la aritmética y la intuición desde su publicación en 1931. Según la exposición del primer teorema de incompletitud de Gödel, por potente que sea el conjunto axiomático elegido para fundar la aritmética y verificar sus proposiciones deducibles, siempre será posible encontrar al menos un enunciado verdadero pero no demostrable algorítmicamente ("formalmente") desde los axiomas de partida. Como es bien sabido, a la hora de presentar su prueba del teorema, Gödel se basó en enunciados autorreferenciales del tipo "R no es demostrable" (en su artículo seminal, él mismo admite haberse inspirado en la célebre "paradoja del mentiroso"[39] para ejemplificar la existencia de sentencias indecidibles), y puso de relieve cómo

---

[39] K. Gödel, "Über formal unentscheidbare Sätze der Principia Mathematica und verwandter Systeme I", *Monatshefte für mathematik und physik* 38(1 (1931), 175.

esta clase de proposiciones era también válida para la aritmética elemental. Más aún, sus investigaciones concluyeron que la existencia de proposiciones indecidibles no afecta exclusivamente a la teoría de los números naturales, sino a cualquier sistema formal que aspire a reunir toda su fuerza deductiva en un elenco finito de axiomas. Gracias al trabajo de Gödel, el sueño de una formalización completa de la matemática (y, en general, de todo razonamiento sustentado sobre axiomas irreductibles que condensen el más límpido vigor analítico de la inteligencia) se oscureció sin remedio. En principio, el pensamiento humano nunca podrá conjugar cabalmente consistencia y completitud en un conjunto finito de axiomas dentro de un sistema formal del que sólo emanen enunciados finitistas verdaderos. Imponderables son los horizontes ofrecidos por este importante resultado de la metamatemática para la filosofía y para cualquier tentativa de comprendernos como seres que piensan y actúan en el mundo. De hecho, para la propia idea de creatividad exhibe una serie de consecuencias revestidas del máximo interés. El teorema de incompletitud de Gödel sugiere el nacimiento de enunciados "absolutamente novedosos" en el seno de cualquier sistema formal compuesto por un número finito de axiomas. Aparecerá al menos un enunciado verdadero pero no demostrable. ¿Por qué? ¿Por qué despunta al menos una proposición verdadera e indemostrable dentro de un sistema de axiomas cuidadosamente elegido? ¿Qué instancia intangible quiebra la rígida cadena de causas que debería hilvanar, ineluctablemente, las premisas con sus conclusiones?[40] ¿Dónde reside esa falla casi im-

---

[40] Desde J. R. Lucas ("Minds, machines and Gödel", *Philosophy* (1961), 112-127), algunos autores se han amparado en el teorema de Gödel como supuesto argumento contra toda tentativa para construir

perceptible de los sistemas formales que rompe el nexo irrevocable entre los axiomas y sus enunciados deducibles, esa fisura tan profunda que permite al menos una proposición no contradictoria pero "enajenada", por así decirlo, de los fundamentos axiomáticos rectores de las inferencias lógicas legítimas, cuya corrección habría de garantizar que todos los enunciados verdaderos fuesen verificables según escrupulosos procedimientos algorítmicos? ¿Por qué esta *"creatio ex nihilo"* de al menos un enunciado verdadero? ¿Son realmente la lógica y la matemática meras tautologías, o

---

"computacionalmente" una entidad dotada de conciencia, una inteligencia artificial (de modo más sofisticado, así lo plantea Roger Penrose en *Shadows of the Mind: A Search for the Missing Science of Consciousness*, Oxford University Press, Oxford 1994, 49ss.). Ciertamente, el teorema de Gödel implica que el problema de la decisión, en el seno de cualquier conjunto de reglas algorítmicas, carece de una respuesta definitiva (las investigaciones de Turing y Church apuntan en esta línea), pero extraer la conclusión de que la conciencia permanecerá irremisiblemente ajena a cualquier intento de "materialización" se nos antoja precipitado. Además, involucra una noción de conciencia tan inverosímil, esquiva y supramundana que ni siquiera nuestra especie se encontraría en condiciones de poseerla. En efecto, sólo en el hipotético caso de que la ciencia aspirara a fabricar una mente de connotaciones divinas, un sistema formal cuyos axiomas fuesen capaces de legitimar todos los enunciados verdaderos posibles, resultaría procedente apelar al teorema de Gödel como barrera fundamental e infranqueable a la hora de coronar esa cima tan problemática. Por fortuna, más allá de la filosofía de Hegel y de su conciencia absoluta, no parece que ninguna empresa intelectual de calibre haya albergado objetivos tan ambiciosos. Desde luego, la inteligencia artificial no abraza este programa de máximos: busca una mente finita, sujeta, como la humana, a errores, parcialidades e imprecisiones, preparada para el aprendizaje y para la adaptación espontánea a nuevas situaciones que no obedezcan a un diseño previo deliberado. Se trata de un desafío colosal, cuyos desarrollos probablemente alteren nuestra visión científica del mundo y nuestro concepto de lo humano, pero, *a priori*, no existen argumentos sólidos que refuten la viabilidad de un proyecto de semejantes características. Los descubrimientos de Gödel, así como otros límites fundamentales en el alcance del conocimiento identificados por la ciencia, revelan el espejismo de afanarse en elaborar una mente divina, pero no la futilidad de crear una mente similar o superior a la humana.

gozan de ciertos espacios de libertad respecto a los axiomas iniciales? ¿Cabría un universo donde no se cumpliese el teorema de Gödel? El mundo natural cambia constantemente, pero las leyes lógicas y aritméticas se nos antojan indestructibles. Despuntarán nuevas galaxias, se extinguirán estrellas que hoy nos iluminan, innumerables planetas se disiparán en polvo cósmico y el universo como un todo recorrerá caminos quizás imprevistos, mas ¿perderán su vigencia las verdades fundamentales de la lógica y de la matemática? Probablemente no, pero no debemos renunciar a añadir nuevos escalones a las leyes de la lógica, nuevos ladrillos que levanten un edificio aún más esplendoroso en la morada del pensamiento puro, una ampliación que desafíe lo ya imaginado y consagre la infinitud de lo posible.

6) Los nuevos descubrimientos cosmológicos sobre la materia y la energía oscura probablemente nos conminen, en un futuro no muy lejano, a replantear nociones fundamentales de la física contemporánea y a buscar la anhelada unificación de esta ciencia por otros senderos. Según estimaciones actuales, sólo un 4'9% del universo se halla compuesto por materia ordinaria. El resto obedece a materia oscura (aproximadamente un 26'8%) y a energía oscura (*circa* 68'3%), responsable de la expansión acelerada del cosmos que han observado los astrónomos desde los años '90[41]. ¿Cómo explicar que casi un 95% de la materia del universo se encuentre integrada por entidades a día de hoy esquivas a una comprensión científica basada en los mismos postulados que nos permiten desentrañar la estructura y el funcionamiento del 5% remanente? ¿Todo el extraordinario esfuerzo in-

---

[41] Cf. P. A. R. Ade *et al.* "Planck 2013 results. I. Overview of products and scientific results", *arXiv preprint arXiv:1303.5062* (2013).

telectual desplegado durante siglos por brillantes civilizaciones, múltiples países y mentes privilegiadas sólo nos permite entender un 5% de la materia total del cosmos? Los intrincados razonamientos de la relatividad, las crípticas ecuaciones de la mecánica cuántica, el maravilloso pero desbordante orbe subatómico..., ¿sólo esclarece, y asintóticamente, los misterios de algo menos de un 5% de la materia del mundo? ¿Qué nuevas ideas, probablemente contrarias a la intuición pero imprescindibles para el progreso de la ciencia, deberemos alumbrar en los próximos años?

7) Aunque todavía precisemos de confirmaciones experimentales que sustenten sus enunciados, la teoría de las cuerdas[42], si se demostrara correcta, expandiría notablemente nuestra imaginación espacio-temporal. Dos grandes innovaciones conceptuales así lo atestiguarían: la transformación de la partícula física "masiva" en vibraciones de cuerdas o filamentos y la necesidad de incorporar dimensiones extra-euclídeas. Los postulados de este modelo físico, de esta encomiable tentativa por descubrir una descripción fundamental de la naturaleza capaz de superar las actuales escisiones entre mecánica cuántica y relatividad, o entre las cuatro interacciones básicas, representarían otra victoria contra la aparente lógica de la intuición humana y del sentido común. La verificación de dichas dimensiones adicionales resultará siempre (al menos en principio) indirecta, como en tantos otros ejemplos ilustres de teorías científicas satisfactorias, pero este hecho no conculca su validez: el criterio de contraste remite a una consonancia entre los enunciados hipotéticos y sus consecuencias empíricas. No siempre es posible verificar

---

[42] Cf. M.B. Green, J.H. Schwarz, E. Witten, *Superstring Theory*, Cambridge University Press, Cambridge 2012.

individualmente cada uno de los postulados que cimentan un modelo teórico concreto; además, exigiría tanto tiempo y un esfuerzo tan vasto que nunca podríamos estar seguros de haber esclarecido por completo sus pilares. El progreso a la hora de delimitar el grado de validez de una teoría y la proyección de sus elucidaciones es lento. No todas las conclusiones derivadas de la relatividad o de la mecánica cuántica son hoy susceptibles de rigurosa comprobación; tampoco todos sus "axiomas". Cada teoría simboliza un paso intermedio en una senda potencialmente infinita, una estación quizás efímera hacia una meta inasible a la que asintóticamente tienden las ambiciones intelectuales de la especie humana. Pero, si se nos permite traer a colación una analogía inspirada en las series de Cantor, caben conjuntos infinitos numerables, donde las partes no se diluyen en la nada por comportar meros episodios pasajeros cuyo contenido, confrontado con el infinito, sólo evocaría nihilidad, vacío e insignificancia. Muy al contrario, los elementos que componen una serie infinita son esenciales para la constitución de esa agrupación irrestricta de piezas encadenadas. Sin ellos, no existirían ese sendero infinito y esa cima inalcanzable. Por tanto, profundizar en su comprensión, obtener paulatinas victorias intelectuales sobre la complejidad del universo físico-mental, nos revela que nuestro esmero no transcurre en vano, y nos invita a albergar la esperanza en un crecimiento incesante de nuestra conciencia y de nuestro entendimiento sobre el mundo que nos circunda, abarca y auspicia. Nos encaminamos hacia un todo inagotable, pero cada nuevo ladrillo que añadimos al monumental edificio de la ciencia y del pensamiento subsiste por sí mismo, desvela una seductora parcela de ese todo, de esa realidad desbordante que nunca desistirá de subyugarnos, y abre una nueva ventana a lo desconocido.

8) Los hallazgos en química y biología sobre la autoorganización espontánea de la materia en determinadas condiciones termodinámicas[43], así como las investigaciones punteras en genética y biología del desarrollo sobre el lenguaje que emplean los organismos para, mediante una combinación de genética y epigenética, trazar las pautas de su crecimiento y de la diferenciación celular. Estos trabajos, además de verter una luz inestimable sobre la biología del desarrollo, también refinarán nuestra comprensión de la evolución a gran escala de las especies y nos ayudarán a entender, de modo más aquilatado, las fuerzas precisas que han intervenido en un proceso dotado de tanta trascendencia.

Frente a una panorámica tan prometedora y estimulante como la que exhiben ante nuestros ojos la lógica, la matemática y las ciencias de la naturaleza, entristece constatar que muchas filosofías han renunciado a imaginar lo nuevo y a entregarse a inventar un desbordamiento de nuestras categorías intuitivas. Tendencias filosóficas que han incidido porfiadamente en nociones como "concepto absoluto", "fin de la historia" o "disolución del sujeto" clausuran la vastedad del ingenio humano. En su vaticinada destrucción de la subjetividad, reducida en muchos casos a un mero agregado de relaciones externas que se superponen, racional o aleatoriamente, en la gigantesca trama de la objetividad, ocluyen el balcón más importante que poseemos para contemplar el espacio de lo creativo. No nos exhortan a crecer, a perfeccionarnos, a sobrepasar los delgados confines del presente, sino a abdicar del pugnaz empeño de construir nuevos escenarios capaces de vencer las categorías heredadas, de mitigar la carencia, de estimu-

---

[43] Cf. S. A. Kauffman, *Investigations*, Oxford University Press, Oxford 2002.

lar la curiosidad, de inspirar altruismo y de expandir los frágiles resortes de nuestro intelecto. Aherrojados en las celdas de un pesimismo infecundo que socava la confianza en el valor de nuestro sacrificio por la ciencia, el arte y la solidaridad, nos abocan a plegarnos ante fuerzas hipotéticas cuyas dinámicas irrevocables nos condenan a un destino prefijado y digno de temor. Sin embargo, la creencia en esos espectros mágicos, ilusorios e intangibles, en esos vestigios de ignorancias ancestrales que nos flanquearon en los hostiles senderos de épocas regidas por el miedo y la fatalidad, corresponde a etapas míticas de nuestra andadura como especie, venturosamente superadas por el conocimiento más profundo que el hombre ha atesorado sobre el verdadero alcance de su mente y el inmenso potencial de una exploración científica de todas sus virtualidades. En lugar de investigar posibles itinerarios que nos ayuden a sobreponernos a patrones de pensamiento arcaicos grabados en la inteligencia humana desde amaneceres inmemoriales (los *"Elementargedanken"*, los arquetipos que simulen forzarnos a encauzar nuestras ideas por caminos ineluctables y desazonadores), vuelcan irresponsablemente sus energías a desdibujar el poder de la mente subjetiva y libre. Disgregan el vigor creativo del individuo en interminables concatenaciones de fenómenos extrínsecos que ahogan cualquier destello de originalidad en el curso de la vida histórica y biográfica del hombre. Pero esta fútil lucha contra la subjetividad, esta batalla estéril contra potencias creativas que brotan de los individuos mas se proyectan hacia toda la sociedad y con belleza derriban las fronteras de lo humano, nos despoja del único canal incontestablemente provechoso para encauzar la llama creativa que arde en toda la materia, en toda la naturaleza biológica, en toda la vida sensible, luz que en nuestra especie ha coronado sus niveles más asombrosos y exuberantes, aunque sin duda alcanzará cumbres todavía más altas, nobles y fructíferas en el futuro, en un porvenir llamado a franquear los actuales límites de la condición humana.

Esa mente futura hoy sólo presagiada con timidez y esperanza conquistará nuevas cotas evolutivas y progresivamente se desprenderá de ataduras que hoy nos parecen inexorables. Expandirá el pensamiento de una manera quizás esquiva a nuestra agudeza presente. Será un sujeto "no subjetivo", capaz de asumir todas las inquietudes del hombre y del universo. Todo fertilizará su mente subjetiva. Se convertirá en un objeto que integre también las dimensiones más profundas de la subjetividad y resuelva contradicciones ahora acuciosas. Se multiplicará en un acto de resonancias mágicas, y será en verdad "todas las cosas". La extensión de su saber, su amor y su deseo no irá en detrimento de su intensidad. Amará sin exclusiones, sin corazones indivisos que sólo concentran su viveza en un individuo, un concepto o una disciplina. Lo amará todo, y desterrará todo vestigio de rencor, egoísmo o recelo. Su saber irradiará serenidad, y será feliz en la contemplación del conocimiento, la armonía y la belleza. Su conciencia se transformará en un auténtico y extasiado "todo en todos".

Sólo si interiorizamos la posibilidad de que el ser rebase el pensar; sólo si nos emancipamos de esa rígida ilusión abrigada por Parménides y reconocemos que cualquier analogía palidecerá ante la evocadora y clamorosa riqueza del mundo, del ser, de ese ámbito que siempre trasciende nuestra experiencia y nuestra intuición, admiraremos una idea, la de *creación*, que encumbra nuestras aspiraciones más hermosas.

3. Creatividad, genio e inteligencia

"Genio", escribe Kant, "es el talento (dote natural) que da la regla al arte. Como el talento mismo, en cuanto es una facultad innata productora del artista, pertenece a la naturaleza, podríamos expresarnos así: *genio* es la capacidad espiritual innata (*ingenium*) *mediante la cual* la naturaleza da la regla al arte"[44]. Originalidad (la gestación de un producto para el que no cabe promulgar una regla determinada) y ejemplaridad constituyen así, para el filósofo de Königsberg, las dos características fundamentales del genio. De lo absurdo, por innovador, no puede madurar nada que merezca el calificativo de "genial". Por trazar un símil con las enseñanzas de la lógica, así como de una premisa falsa se deriva cualquier conclusión (*ex contradictione quodlibet*), de lo irremisiblemente absurdo se puede esperar cualquier cosa. Por supuesto, urge un matiz. "Cualquier cosa", en el esquivo terreno de la creatividad, implica que juicios aparentemente absurdos pueden fermentar, a la larga, en intuiciones fértiles para el progreso de una disciplina o de un campo de las artes. La creatividad no se rige exclusivamente por los estrictos cánones de la lógica. Su fecundidad dimana de una feliz conjunción en-

---

[44] *Crítica del Juicio*, Tecnos, Madrid 2007, 234.

tre razón y ejercicio imaginativo, entre lógica y analogía, entre pasado y futuro. No olvidemos que el juicio sobre lo descabellado evoluciona con el tiempo.

Además de originalidad y ejemplaridad, Kant añade una tercera nota: "el genio no puede él mismo descubrir o indicar científicamente cómo realiza sus productos"[45]. La incardinación del genio en el inasible territorio de la espontaneidad se ha convertido en un lugar común, del que sólo hemos empezado a desembarazarnos recientemente. Tal y como sostiene Kant, es preciso oponer genialidad a imitación, a espíritu mimético que se limite a reproducir los arquetipos ya dados, pero la actividad creadora del genio, aunque dimane de fuentes recónditas e inalcanzables para el común de los mortales, no puede desenraizarse por completo de su sustrato material, neurobiológico, socio-histórico. No se aprende la genialidad, pero sí el lenguaje apropiado para expresar ese talento creativo exorbitante que tanto nos fascina y tanta admiración siembra en nosotros. Por otra parte, la definición kantiana confinaría la genialidad al plano de la estética, del libre e inusitado juego de los sentimientos que canalizamos a través de una sintaxis específica (literaria, musical, pictórica…) , pero soslayaría la genialidad científica o filosófica, cuyos cauces sí son susceptibles de aprendizaje.

¿Puedo entrenarme lo suficiente como para componer versos émulos de los poemas de Goethe? Probablemente no, por mucha destreza que adquiera en el dominio del lenguaje. De manera análoga, si no he nacido con unas habilidades concretas, cuesta creer que exhiba tanta agudeza en la observación del cosmos natural como la que anidó en el espíritu de un Galileo o de un Faraday: me familiarizaré con sus teorías y avanzaré en el conocimiento de la física, pero no me imbuiré del talento de estos genios de la ciencia.

La exaltación, de tintes románticos, del genio como artífice de lo sublime cubre la exploración de su talento con una sombría capa mágica que, lejos de infundirle un misti-

---

[45] *Ibid.*

cismo legítimo y aleccionador, lo tiñe todo de una oscuridad intencionada. Los genios no pueden concebirse como deidades o ángeles benévolos descendidos a la Tierra de tiempo en tiempo. De nada sirve sacralizarlos en pedestales inaccesibles y rendirles un culto desmesurado, máxime cuando sus logros, por apasionantes y ennoblecedores, jamás habrían fructificado sin la intervención de otros muchos individuos y sin la propia lógica que vertebra tanto la inteligencia humana como vastas parcelas del mundo físico. Sólo la licencia poética, siempre fértil y aplaudible, debería asumir esos términos. Un entendimiento racional, ansioso de universalizar, contempla en el análisis de los genios una de los misterios más elevados de la ciencia, pero también una de las cuestiones más apremiantes, cuya problemática demanda un esclarecimiento impostergable.

Si el genio forma parte de la naturaleza, si el genio revela, en sus cimas más prominentes y seductoras, ese poder creador que baña tantas esferas de la materia inanimada, de la vida y del pensamiento, comprenderlo implicará mostrar cómo su talento se nutre de un tronco neurobiológico e histórico ineludible. El factor innato y fortuito se plasma, en cualquier caso, en estructuras cerebrales acotadas, y el progreso científico estriba en nuestra habilidad para desenredar esa compleja maraña de circuitos, conexiones sinápticas configuradas en el transcurso de una biografía y bases genéticas que rodean la mente del genio. Debemos venerar el genuino don que corona a los genios y alabar sus contribuciones más eximias, pero no hemos de desistir en la búsqueda de una explicación cada vez más profunda que no sólo elucide lo que, hoy por hoy, se nos antoja enigmático y nebuloso, sino que también nos enseñe a apreciar aún más ese tesoro incomparable que se encarna en cada persona dotada con capacidades creativas insólitas.

El genio crea sobre lo que ya existe. Inmerso en una tradición artística, filosófica o científica, incluso si él mismo se afana en inaugurar un nuevo paradigma en cualquiera de estas áreas de la inteligencia humana, nunca opera desde cero. En él convergen multitud de influjos que, acrisolados por su talento único, liberan esa energía creativa que las generaciones posteriores alaban y canonizan en el altar de la memoria.

El genio, como todo mortal, necesita ofrecer numerosos años e inmensos esfuerzos al área específica de la ciencia, del pensamiento o del arte en la que aflorarán sus talentos más extraordinarios. Sin un estímulo intelectual y social adecuado, resulta difícil esperar que eclosionen sus fuerzas creativas más hondas y vigorosas. Incluso genios tan precoces como Mozart y Beethoven no manifestaron su auténtico potencial, esa unción sacramental que en verdad los bendice como "genios", como poseedores de unas habilidades creativas inapelablemente superiores a las del común de los hombres, hasta sus etapas de madurez. Sus primeras obras maestras suelen brotar cuando ya llevan varios años, incluso más de un lustro, consagrados en cuerpo y alma a una tarea (de hecho, es imposible imaginar que un genio no se entregue por completo a una empresa que secuestre su voluntad y siembre en él una obsesión fecunda...). Todo genio ha tenido que convertirse primero en un maestro, en una autoridad (aun "silenciosa" y todavía no valorada por sus contemporáneos) que domina el conocimiento heredado y las prácticas recibidas. Se ha visto en la obligación de procesar una asombrosa cantidad de datos, estrategias e ideas brillantes con anterioridad a imprimir él mismo su rúbrica duradera en esa disciplina. Además, no todas sus creaciones franquean los rigurosos pórticos de la genialidad. No todas las composiciones musicales de Mozart son "geniales", ni todos los artículos científicos de Einstein, ni todos los escritos de Shakespeare, ni todas las obras escultóricas de Miguel Ángel[46].

En todo caso, el genio no se limita a combinar los elementos que ya existen: en ocasiones crea él mismo nuevos elementos o los enlaza de tal manera que su aportación, su huella indeleble, consiste en haber privilegiado una re-

---

[46] Cf. S. Pinker, *How the Mind Works*, Norton & Company, Nueva York 2009, 361.

lación sobre otra, una parte sobre otra, un enfoque sobre otro. La sociedad filtrará su furor creativo a través de un tamiz muy severo, y determinará si representa una contribución nueva y fecunda para la humanidad o si tan sólo responde a ejercicios imaginativos que no se sedimentan en una producción sublime, persuasiva o útil, pero lo que nos incumbe es el acto mismo que subyace a esa génesis creativa, con independencia de la valoración que el mundo le otorgue.

La afirmación intuitiva de que el genio no percibe una especie de inspiración infusa en su alma, cuyos fluidos invisibles le revelen verdades hasta entonces ignotas, sino que, además de gozar de un talento incuestionable, manantial nutricio de todo elogio legítimo y honesto, un trabajo arduo y muchas veces silencioso precede a sus descubrimientos y a la elaboración de sus obras más insignes, se verifica de pleno cuando buceamos en las biografías de nombres eminentes de la ciencia, el arte y la filosofía. Al explorar sus trayectorias, nuestros ojos siempre contemplan un escenario análogo: una inteligencia excepcional felizmente conjugada con una dedicación de no menor magnitud a la empresa que capturaba sus intereses más profundos. Infatigables, los mayores intelectos, esas mentes que han redefinido nuestra visión del mundo y han impulsado la esperanza humana de conquistar la libertad mediante el conocimiento, han consagrado su vida, su amor y su empeño inextinguible a un proyecto. Una formación exigente e incansable (sazonada con importantes dosis de autodidactismo), un modelo de perseverancia que ilustra, como ningún otro paradigma, el íntimo significado de nociones esenciales en toda ética destinada a fomentar el crecimiento espiritual del hombre (como tenacidad, constancia, firmeza, sentido crítico y distanciamiento frente a las convenciones de una época), antecede al éxito del genio. Probablemente hayan despuntado sobre la faz de la Tierra inteligencias más elevadas que las de muchos genios hoy acreedores de celebridad ubicua: una aleación esquiva de azar y tesón suele sellar la fortuna de los personajes dignos de la alabanza universal, pues no todas las inteligencias extraordinarias han disfrutado de las mismas condiciones históricas y sociales para desplegar su agudeza, y no todas han manifestado una fuerza de voluntad pareja para cumplir diestramente su vocación intelectual.

Por ejemplo, hoy en día sabemos qué textos estudió Newton en Cambridge; disponemos de un elenco bastante riguroso de los libros que grabaron en su mente la estampa imborrable de la pasión por la filosofía natural, la alquimia[47] y las matemáticas. Cabe reconstruir el itinerario intelectual del brillante hijo póstumo de un granjero inglés que escalaría hasta las más altas cúspides de la creatividad científica, y sorprende percatarse de la exigua preparación académica de Newton. Ni la escuela rural de Grantham, ni la propia Universidad de Cambridge, anquilosada en caducos planteamientos aristotélicos, se mostraban aptas para proporcionarle una idea precisa del desarrollo alcanzado por el pensamiento científico y matemático de su siglo. Newton hubo de sumergirse en el vasto y hermoso océano del saber por sí solo, y empezó a realizar sus invenciones en solitario, cuando se percató de que había franqueado fronteras

---

[47] No en vano, Lord Keynes llegó a considerar a Newton "*the last of the magicians, the last of the Babylonians and Sumerians*" ("Newton, the man", *Essays in Biography* 10 (1947)). La inmensa producción de Newton en campos como la alquimia, el ocultismo y la teología (al parecer, sus planteamientos cristológicos eran de corte arriano y anti-trinitario), mucho menos conocida que su trabajo en física y matemáticas, avala esta tesis. Newton se erige como uno de los últimos representantes de un mundo extinto, de una sociedad en la que aún existía espacio para lo irracional, para la exploración de objetos cuya esencia desbordaba, por su propio concepto, los poderes atesorados por la propia razón humana: habitáculos inescrutables que desafiaban la legitimidad de la inteligencia hipotético-deductiva y empírica. Con un pie sumergido en el misticismo antiguo, medieval y renacentista, y con otro firmemente asentado en la visión científica del cosmos, triunfadora indiscutible en la historia de las ideas posteriores a Newton, esta gran mente se alza a caballo entre dos edades, y personifica uno de los últimos eslabones en la vasta tradición que terminó por desembocar en el inmenso océano de la ciencia moderna, cuya metodología se hallaba destinada a monopolizar inexorablemente las parcelas fundamentales del saber humano.

más allá de cuyos limitados horizontes sólo él mismo podría erigirse en la brújula adecuada que guiase su aventura por sendas tan sinuosas. Fue un consumado autodidacta, quien leyó impetuosamente los escritos de los principales autores coetáneos. Consta que, entre otros tratados relevantes (algunos, ediciones latinas –lengua que Newton aprendió a dominar en Grantham– de Franz van Schooten),en su etapa cantabrigense estudió la *Opera Mathematica* de Viéte, la *Clavis Mathematicae* de Oughtred, la *Geometría* de Descartes, la *Óptica* de Kepler y la *Arithmetica Infinitorum* de Wallis[48], sin duda herramientas esenciales para que floreciese su inmenso talento en los fecundos años de 1664, 1665 y 1666, transcurridos en el apacible recogimiento de Woolsthorpe, expulsado involuntariamente de Cambridge por la epidemia de peste bubónica que entonces asolaba amplias regiones de Inglaterra.

Es probable que, sin esa exposición solitaria e intrépida a las ideas matemáticas y científicas más avanzadas de su tiempo (que Newton pronto superaría por su cuenta), jamás se hubiera alzado de manera tan rápida con el trofeo de hallazgos admirables, como el teorema del binomio, el método de las fluxiones, la ley de la gravitación universal y la descomposición de la luz blanca al atravesar un prisma. Es cierto que Newton, tan receloso de sus críticos potenciales, dilató irresponsablemente (sobre todo a la luz de las agrias controversias que se desencadenarían más tarde, como la disputa con Leibniz) la publicación de muchos de sus descubrimientos, pero los historiadores de la ciencia han adquirido una conciencia bastante nítida de las auténticas y tempranas dimensiones de sus éxitos científicos y matemáticos, muchos de ellos frutos cosechados durante sus felices años de aislamiento y fervoroso retiro intelectual en las verdes campiñas de Lincolnshire.

Examinado desde el siglo XXI, resulta fascinante advertir cómo, en tiempos de Newton, bastaba con dominar

---

[48] Cf. R.S. Westfall, *The Life of Isaac Newton*, Cambridge University Press, Cambridge 1993, capítulo 2: "The solitary scholar".

un número relativamente reducido de libros para asimilar la práctica totalidad del conocimiento científico que ese período había atesorado. Esta circunstancia, impensable a día de hoy, cuando la explosión de datos, teorías y enigmas ha jalonado cotas casi prometeicas, niveles que simulan impedirle a un solo individuo volver a realizar contribuciones del calibre de un Newton, un Darwin, un Helmholtz, un Boltzmann o un Einstein[49], señala también un factor que nunca debemos soslayar cuando nos acercamos a la figura de los grandes genios: sin haber nacido en un momento específico y en un lugar concreto, en un siglo de efervescencia intelectual y en una cultura capacitada para acoger sus ideas, quizás nunca hubieran seducido nuestra memoria colectiva gracias a sus valiosas aportaciones intelectuales. ¿Quedaría espacio para Newton en el mundo contemporáneo, en la vida académica de nuestros días, en el desarrollo presente de la ciencia? Ninguna hipotética fatalidad histórica nos condena a relegar casos como el de Newton al nostálgico museo de los hitos irreproducibles,

---

[49] El desarrollo imparable de nuestros recursos informáticos, sobre todo gracias a la inminente computación cuántica, permite imaginar la realización futura de sueños que siempre ha albergado la humanidad. Por ejemplo, el de la "resurrección", esperanza escatológica de muchas religiones y concepto ensalzado por múltiples filosofías que hoy empieza a cobrar visos de verosimilitud gracias a los adelantos tecnológicos. Sin aludir a los extraordinarios progresos en el conocimiento de la genética que hemos conquistado recientemente, desde una perspectiva puramente informática cabe pensar en una "reviviscencia" de personas de quienes poseemos suficientes testimonios como para reconstruir su personalidad, su biografía, su mente. Los candidatos óptimos para comprobar la viabilidad de este proyecto son, sin lugar a dudas, los grandes genios de la historia, especialmente los más cercanos a nuestro tiempo. Pensemos en un escritor de la talla de Dostoyevski, o en un científico del nivel de Einstein, o en un pensador de la categoría de Nietzsche. Disponemos de innumerables referencias sobre su biografía, sus relaciones sociales, su visión del mundo... Sus escritos revelan innumerables facetas de su mente, de su interpretación de la realidad y de la vida. Un programa informático diseñado para asimilar una cantidad exuberante de datos sobre estas mentes admirables podría reproducir su espíritu, su inteligencia. Recuperaríamos la posibilidad de dialogar con ellos, de plantearles preguntas y objeciones a las ideas que tanta celebridad les han reportado o que tanta confusión han generado.

pero es innegable que las proezas de éstos y de otros hombres y mujeres del pasado se nos antojarían hoy mucho más complicadas y heroicas que en su época.

No parece posible encontrar otro tipo de creatividad distinto al que ya hemos esbozado: a saber, una síntesis de arte combinatoria y de jerarquización de los elementos. Cuando un genio imagina lo que aún desafía el poder del entendimiento humano, cuando Leonardo da Vinci dibuja en sus cuadernos un helicóptero rudimentario que se adelanta varios siglos a la tecnología de la época, en realidad observa de manera diferente lo que ya existe: el cielo, la mente, las alas de los pájaros... No imagina un nuevo cielo o una nueva mente. Rara vez (con la probable salvedad del delirio religioso o místico, al estilo de Swedenborg) trastoca por completo la escenografía en que se desenvuelve. Cuando Shakespeare escribe sus dramas más deslumbrantes o sus sonetos más conmovedores, se ampara en la condición humana, en ese espacio tan longevo trenzado de tragedias, deseos y aspiraciones que nos han definido a los hombres desde la aurora de nuestra capacidad autorreflexiva. No tuvo que buscar más allá de lo que se alzaba ante él. No hubo de imaginar otro hombre u otra historia: le bastó con profundizar en la vida humana presente. Su genio creativo reside en ese talento irrepetible para expresar, con las constricciones que cercan el lenguaje, ideas inconmensurables. El genio artístico crea no por esculpir un escenario absolutamente nuevo, sino por interpretar, con una mezcla de radiante sensibilidad y excepcional inteligencia, lo que ya comparece. El genio científico ve lo que otros no ven, pero gracias a unir ideas aparentemente inconexas, a captar detalles menospreciados por otras mentes o a plantearse hipótesis quizás disparatadas a los ojos de sus contemporáneos, pero a la larga sometidas al contraste y, por ello, incipientemente verdaderas.

La neurociencia esclarecerá las bases anatómicas de la creatividad humana, aunque los retos se revelen, aún hoy, de una magnitud inmensa, mas por ello merecedora de que le dediquemos nuestros esfuerzos intelectuales más sobresalientes[50]. Por ejemplo, recientes investigaciones encefalográficas sobre la producción de ideas creativas han puesto de relieve la importancia de la activación de la banda alfa en determinadas regiones frontales y parietales del hemisferio cerebral derecho[51]. En cualquier caso, el estudio del pensamiento divergente también ha mostrado que los procesos genuinamente innovadores no se hallan por completo divorciados de la "evocación" de ideas almacenadas en la memoria, al menos en sus etapas iniciales[52]. "Construcción" y "reconstrucción" se perfilan como dos estrategias no sólo complementarias, sino imprescindibles para desencadenar un fenómeno verdaderamente creativo en el seno de la inteligencia humana.

La particular dotación genética, moldeada por el influjo del ambiente, genera una serie de conexiones cerebrales específicas para cada individuo: un "conectoma"[53]. ¿Soy sólo mi conectoma? ¿Únicamente me constituyen mis memorias apiladas? ¿No ha de existir una instancia ulterior que siempre se sobreponga al pasado y absorba el presente; una "realidad" que condense lo que tradicionalmente se ha conocido como "el yo", de manera que las nuevas experiencias acumuladas no se agolpen de modo ciego, sino que vertebren una identidad biográfica, esa percepción de relativa permanencia que me hace ser el mismo cuando respiro las fugaces brisas de la infancia o cuando me introduzco en la lenta vejez? De nuevo, los enigmas arrecian, pero sólo cabe confiar en la capacidad de la neurociencia para disiparlos progresivamente.

Existen reglas genéricas sobre, por ejemplo, la funcionalidad de determinadas áreas cerebrales. Sabemos que

---

[50] A. Abraham, "The promises and perils of the neuroscience of creativity", *Frontiers in Human Neuroscience* 7 (2013).
[51] Cf. M. Benedek – E. Jauk – A. Fink – K. Koschutnig – G. Reishofer – F. Ebner – A.C. Neubauer, "To create or to recall? Neural mechanisms underlying the generation of creative new ideas", *Neuroimage* 88 (2014), 16.
[52] *Op. cit.*, 131.
[53] S. Seung, *Connectome: How the Brain's Wiring Makes Us Who We Are*, Houghton Mifflin Harcourt, Nueva York, 2012.

los circuitos neurales más relevantes para la creatividad pertenecen al córtex prefrontal, zona ligada con empresas cognitivas del más alto nivel[54]. El córtex prefrontal asume funciones de control ejecutivo sobre diversas estructuras corticales y subcorticales. Un desarrollo evolutivo clave ha cristalizado en el fascículo longitudinal superior, que enlaza, bidireccionalmente y en cada hemisferio cerebral, el córtex posterior (eminentemente perceptual) y el córtex prefrontal (como hemos dicho, fundamentalmente ejecutivo, referido a tareas planificadoras), las dos grandes áreas corticales asociativas, sin cuya progresiva expansión no es factible comprender el asombroso incremento de las habilidades intelectuales que, en último término y a través de un dilatado itinerario, ha conducido a la génesis de la mente humana[55]. El córtex prefrontal encarna, a todas luces, un pináculo en la larga trama de la evolución del

---

[54] Parece claro que el desarrollo de las funciones superiores del psiquismo se halla estrechamente relacionado con la extraordinaria expansión que ha experimentado el córtex prefrontal en el curso de la evolución de los mamíferos. Si, citoarquitectónicamente, para un lémur representa el 8'5% del volumen total del córtex, un 11'5% para el gibón y el macaco y un 17% para el chimpancé, en el *Homo sapiens* la cifra asciende al 29% (cf. J. Fuster, *The Neuroscience of Freedom and Creativity*, Cambridge University Press, Cambridge 2013, 33, nota 3).

[55] La selección natural representa una fuerza enormemente poderosa, capaz de cribar las innovaciones biológicas que continuamente surgen en cada generación. Sin lugar a dudas, ha tenido que desempeñar un papel de gran importancia en la emergencia progresiva de las habilidades cognitivas más señeras de los primates y, en particular, del *Homo sapiens*. Sin olvidar que aún queda mucho por conocer sobre la fuente de las variaciones cuya eclosión, en el seno de los organismos y en el curso de millones de años de trama evolutiva, genera modificaciones seleccionadas por la naturaleza según su valor adaptativo, salta a la vista que los mecanismos de selección darwinianos operan desde una lógica eminentemente "pasiva". No resultaría exagerado sostener que, cuando llegamos a la biología del desarrollo individual y, en concreto, al estudio del cerebro y de su plasticidad, además de las dinámicas de selección darwiniana (esenciales para entender la filogenia de una determinada especie), parece necesario apelar a "estrategias" de aprendizaje y retroalimentación (de resonancias lamarckianas) en el nivel de la ontogenia. Aun sin transmitirse genéticamente, sin "condensarse" en un programa biológico transferido inexorablemente, se revelan fundamentales para comprender el funcionamiento del cerebro.

sistema nervioso[56]. En cualquier caso, estudios recientes han resaltado el papel incontestable que desempeñan las vías vinculadas a dinámicas emocionales en los propios fenómenos cognitivos[57].

El interrogante sobre la naturaleza neurobiológica de la inteligencia humana es indisociable de la pregunta por su historia evolutiva, pues esta facultad tan admirable plasma numerosas innovaciones gestadas a lo largo de millones de años de crecimientos acumulados de complejidad estructural y funcional. Ahora bien, ¿cómo surge la información genética? De modo sucinto, la evolución consiste en un proceso de transmisión de información imbuida de valor adaptativo. El nacimiento de esas variaciones que, a la larga, contribuyen a un aumento neto de la complejidad, de la información disponible en el seno de un individuo y en la esfera de un linaje, exige investigar meticulosamente los mecanismos de la herencia y de la biología del desarrollo (genética y epigenética).

En ese incremento de la complejidad y, particularmente, a la hora de crear nuevos módulos de información genética, un papel esencial lo desempeñan las duplicaciones de ciertos genes o fragmentos de genes. Las mutaciones se ciernen en muchos casos sobre los genes duplicados y permiten afinar, gradualmente, algunas características biológicas. La copia asume paulatinas variaciones ventajosas que se traducen en una neofuncionalización. Esta dotación duplicada (como en el gen SRGAP2A, presente en el cromosoma 17 de los humanos) proporciona una mayor flexibilidad de cara a eventuales modificaciones genéticas y epigenéticas. Los avances en paleogenómica aquilatarán nuestra comprensión de los mecanismos evolutivos que han dado lugar a la emergencia de nuestras facultades in-

---

[56] Cf. J. Fuster, *The Neuroscience of Freedom and Creativity*, Cambridge University Press, Cambridge 2013, 33ss.

[57] Antonio Damasio ha abordado esta cuestión *in extenso*, por ejemplo en su libro *The Feeling of What Happens* (Harcourt, Nueva York 1999) y, de modo más reciente, en *Self Comes to Mind: Constructing the Conscious Brain* (Vintage, Londres 2012).

telectuales más conspicuas, así como a discernir qué rasgos (incluso psíquicos) podemos haber compartido con otras especies del género *Homo* hoy extintas pero probablemente pertrechadas de habilidades cognitivas similares a las nuestras. De hecho, ya se han producido notables progresos en el análisis de la evolución de los componentes que integran las sinapsis[58].

¿Era inevitable la inteligencia? La evolución entrelaza demasiadas contingencias (pensemos en la desaparición de los dinosaurios a causa del impacto de un gigantesco meteorito en el Cretácico superior) como para percibir una trama lineal, unívoca e inexorable. Sin embargo, las propias leyes fisicoquímicas y biológicas ponen de relieve que, para adaptarse a determinados nichos naturales, es necesario gozar de una serie de "funcionalidades" (y, concomitantemente, de características estructurales) sin cuyo concurso difícilmente logra la vida diseminar sus fuerzas y conquistar nuevos territorios. Cabe, por supuesto, imaginar organizaciones biológicas distintas que también satisfarían esas necesidades adaptativas, pero no resulta plausible sostener que dichas configuraciones fuesen a contrastar radicalmente con las que a día de hoy conoce la ciencia biológica. Si la vida precisaba abrirse a nuevos espacios, es probable que, a largo plazo y aun por caminos divergentes en lo espacial y temporal, también hubiera desembarcado en puertos muy similares. De esta manera, algunos aspectos, como los elementos comunes en la maquinaria de las células, la reproducción sexual, la existencia de ejes de simetría en el seno del organismo y, por qué no, el sistema nervioso y el psiquismo en grados crecientes de complejidad, habrían despuntado sobre la faz de la Tierra o de cualquier otro cuerpo celeste capaz de albergar la

---

[58] Los recientes avances en la proteómica y la genómica han permitido, por ejemplo, verter información valiosa sobre los posibles desarrollos evolutivos que han conducido hasta la formación del sistema nervioso de los mamíferos. Cf. T.J. Ryan – S.G.N. Grant, "The origin and evolution of synapses", *Nature Review Neuroscience* 10 (2009), 701-712.

semilla de la vida[59]. Además, la emergencia de algunos trazos biológicos, ¿no condiciona ulteriores desarrollos, que atraviesan su filtro?[60] El binomio necesidad/contingencia acompaña inextricablemente la epopeya evolutiva, pero lo accidental quizás se refiera a los desarrollos específicos, a los itinerarios concretos que se recorren y no a la panorámica global, a la génesis de ciertas funciones biológicas probablemente inevitables si la vida se expande en una serie de circunstancias ambientales[61].

Se trata, claro está, de enunciados especulativos, aunque verosímiles. *A posteriori*, las sinuosas sendas de la evolución brotan ante nuestros ojos como una recta coherente, lisa e irreversible, cuyos derroteros sucumben con facilidad al vigor predictivo de la inteligencia humana. Las tentadoras pulsiones del antropocentrismo nos invitan a contemplar la historia de la naturaleza como una espiral de ascenso inexorable hacia una meta nítida, la conciencia, pero carecemos de pruebas sólidas que respalden esta tesis. No siempre pre-

---

[59] Sabemos, por ejemplo, que para poseer un lenguaje articulado es necesario contar con determinados desarrollos anatómicos sin cuya presencia no es posible proferir ciertas cadenas de sonidos. Y, por supuesto, sin una expansión óptima de las cortezas cerebrales y un adecuado incremento de la densidad neuronal y sináptica, la ciencia biológica no conoce mecanismos alternativos para que surja la inteligencia abstracta tan íntimamente asociada a nuestra especie.

[60] Desde esta perspectiva, cabe afirmar que, en ocasiones, existen "ganancias netas" evolutivas, "puntos de no retorno" (pecaríamos de precipitación, en todo caso, si consideráramos este "no retorno" un fenómeno irreversible; ¿quién puede anticiparse a las sutiles rutas que tome la evolución y descartar "regresos" a formas menos sofisticadas?). Aunque la extrapolación parezca problemática, un fenómeno similar se produciría con el progreso de la mente: descubrimos leyes lógicas y teoremas matemáticos irrefutables en su ámbito de aplicación, aunque paulatinamente ensanchemos nuestra capacidad de imaginar escenarios alternativos en cuyo seno rijan principios distintos.

[61] En este sentido, no es aventurado sostener que la evolución es más "conservadora" de lo que aparenta. Para un análisis de los hitos evolutivos verdaderamente revolucionarios, innovaciones que han condicionado el desarrollo ulterior de ciertas estructuras biológicas, remitimos al libro de M.W. Kirschner – J.C. Gerhart, *The Plausibility of Life: Resolving Darwin's Dilemma*, Yale University Press, New Haven 2005.

valece una ganancia neta de información que nos eleve a cotas superiores de complejidad. Todavía nos queda mucho por descubrir sobre la evolución y su verdadero alcance. Es más: aún nos falta mucho por entender sobre los escenarios posibles (positivos o destructivos) que amanecerán en el futuro. Hayamos o no surgido por cauces azarosos, hoy podemos nosotros tomar las riendas de la evolución humana y soñar con cruzar pórticos hasta ahora vedados. Hoy podemos convertir esa trayectoria curva, tortuosa y serpenteante en una recta esperanzadora.

La creatividad se beneficia de la labor que acometen, en paralelo, estructuras relacionadas con el "cerebro consciente" y una serie de vías de procesamiento estrechamente conectadas con el ámbito inconsciente[62]. A mayor número de rutas de tratamiento y de combinación de los contenidos cognitivos y experienciales, mayor probabilidad de alumbrar ideas innovadoras. Frente a un control consciente más predispuesto a seleccionar "racionalmente", "deliberadamente", la información en teoría valiosa, las vías "inconscientes" contribuyen a suministrar mayores dosis de indeterminación y de integración aleatoria entre los elementos que allí concurren. La memoria retiene la información y las intuiciones. Siembra la posibilidad de mantener un flujo continuado de pensamiento que "sostenga" esa búsqueda afanosa de una respuesta a un interrogante o de una aproximación creativa a un cierto ámbito. Propicia la integración temporal de datos y la capacidad de fijar la atención sobre un objeto o problema en particular, funciones cognitivas clave a la hora de fomentar comportamientos creativos[63]. Lógicamente, el modo

---

[62] A. Dietrich, "The cognitive neuroscience of creativity", *Psychonomic Bulletin and Review* 11/6 (2004), 1011-1026.

[63] Como escribe el profesor Joaquín Fuster, "desde el punto de vista de la ciencia cognitiva, la ejecución de la inteligencia creativa puede reducirse, en gran medida, a 're-ejecución' [*remaking*], porque el conocimiento nuevo siempre se reduce a conocimiento antiguo que ha sido expandido o recombinado para generar un nuevo resultado" (*The Neuroscience of Freedom and Creativity*, Cambridge University Press, Cambridge 2013, 146).

y la medida en que cada una de ellas intervenga influirán, de manera notable, en el desenlace. Almacenar demasiada memoria a largo plazo, esto es, un arsenal de conocimiento demasiado prolijo sobre una temática concreta, quizás tapie las ventanas de mi imaginación y me sature con un exceso de contenidos, fatalidad que me impedirá pensar de forma original y valiente. Un conocimiento limitado pero profundo, no aturdido por una desmesura de detalles y pormenores, enfocado hacia "lo neurálgico" (y bien sabemos lo difícil que resultar definir ese núcleo, esa esencia...), se muestra más susceptible de compaginarse con informaciones procedentes de otras parcelas del saber y con experiencias dispares.

Los sistemas emocional y cognitivo parecen integrarse en el córtex prefrontal dorsolateral[64]. La antigua intuición de que la creatividad no depende sólo de la inteligencia, sino de una sensibilidad especial, de una capacidad para emocionarse ante lo que nos rodea y aspirar a forjar algo nuevo, adquiere hoy forma neurocientífica gracias a los avances en el estudio de la funcionalidad cerebral. Además, recalca la importancia de considerar diferentes clases de creatividad según predomine la faceta emocional o la cognitiva. El sentido común nos insta a pensar que una inteligencia finísima, laplaciana, secuestrada por el análisis meticuloso de todos los detalles y obsesionada por la elucidación de todas las filigranas posibles, se oscurece ante la luz, ante lo nuevo, ante una imaginación auténticamente creadora. La creatividad anida también en esa habilidad para inhibir determinados estímulos y concentrar toda la atención sobre un ángulo particular que, a la larga, abre un nuevo y subyugante enfoque. La sobreabundancia de información y de estímulos, el incremento *ad extra* del conocimiento, de poco sirve si no lo acompaña un crecimiento *ad intra*, hoy más necesario que nunca: una mayor

---

[64] J.M. Fuster, "The prefrontal cortex of the primate: a synopsis", *Psychobiology* 28 (2000), 373-385.

hondura en la contemplación de los conceptos, un *"esprit de finesse"* pascaliano.

¿Qué es la inteligencia? Desde la psicología actual, definir esta noción de múltiples resonancias e inagotables evocaciones emerge como una tarea imposible, destinada a perderse en una enmarañada selva bibliográfica y en un tupido bosque de evidencias empíricas difícilmente armonizables en el seno de un esquema común o de un paradigma al unísono holgado y escrupuloso[65]. Además, toda explicación debe entrar en consonancia con los datos que nos suministra la biología evolutiva, e imponer una barrera demasiado abrupta entre la inteligencia humana y la animal se enfrentará a obstáculos insalvables. Contamos con diversas teorías sobre los tipos de inteligencia (el modelo de las inteligencias múltiples de Howard Gardner, la dicotomía entre inteligencia fluida y cristalizada de Raymond Cattell, la teorización sobre la inteligencia emocional de Daniel Goleman…), y es de esperar que el avance en nuestra comprensión neurobiológica de los procesos cognitivos contribuya a desentrañar, progresivamente, una temática tan acuciosa. Por ejemplo, el trabajo de Eric Kandel sobre la correspondencia entre memoria, aprendizaje e intensidad de las conexiones sinápticas[66], así como

---

[65] Cincuenta y dos investigadores en el campo de la inteligencia han definido esta facultad de la siguiente manera: "*Intelligence is a very general mental capability that, among other things, involves the ability to reason, plan, solve problems, think abstractly, comprehend complex ideas, learn quickly and learn from experience. It is not merely book learning, a narrow academic skill, or test-taking smarts. Rather, it reflects a broader and deeper capability for comprehending our surroundings – 'catching on,' 'making sense' of things, or 'figuring out' what to do*" (L.S. Gottfredson, "Mainstream science on intelligence: an editorial with 52 signatories, history, and bibliography", *Intelligence* 24/1 (1997), 13-23). Tal y como puede apreciarse, se trata de una caracterización muy general que, en términos globales, coincide con una idea puramente intuitiva de inteligencia: la capacidad mental razonar, abstraer, resolver problemas, relacionarse de manera eficiente con el mundo que nos circunda… En definitiva, el poder mental para establecer relaciones significativas entre fenómenos diversos.

[66] Cf. E. R. Kandel, "Cellular mechanisms of learning and the biological basis of individuality", en E.R. Kandel – J.H. Schwartz – T.M.

los nuevos descubrimientos en torno a la funcionalidad de ciertas regiones corticales gracias al empleo de las técnicas de neuroimagen, representan aportaciones valiosas que indudablemente propiciarán ulteriores hallazgos.

De manera intuitiva, cabe caracterizar la inteligencia como la capacidad psíquica de relacionar lo distinto y de establecer uniones que "liguen" parcelas diversas. Esta habilidad adopta dos manifestaciones fundamentales: una de naturaleza analítica y otra de índole sintética. En el caso de la inteligencia analítica, inferencial por antonomasia, discursiva, "secuencial", la mente obtiene conclusiones amparada en el potencial lógico de las premisas, discierne patrones racionales y localiza moldes a los que ahormar los componentes de información a su alcance: "encadena" las referencias iniciales, ávida de identificar lazos inexorables o plausibles cuyo desarrollo permita detectar una serie de desenlaces y corolarios que se deducen o inducen desde el punto de partida. La inteligencia sintética, por el contrario, se revela como un fenómeno eminentemente amplificativo: en lugar de regirse por códigos de consecuencia lógica, por lo "dado", imagina lo nuevo, crea ella un nuevo escenario, sustentado también sobre los pilares de una serie de vínculos más o menos ingeniosos trenzados entre los elementos disponibles (empíricos o lógicos), pero aspira a perfilar un problema más que a resolverlo, a bosquejar un nuevo paisaje que a explorar el que ya comparece, a construir nuevas arquitectónicas que a diseccionar entomológicamente lo que ya existe. La cualidad de toda inteligencia brillará en la rapidez, en la profundidad y en la extensión con que logre asentar esas conexiones o fraguar esos nuevos marcos conceptuales, pero una correcta discriminación entre lo analítico y lo sintético es importante para entender adecuadamente la inteligencia humana y su catálogo de aptitudes.

Jessell (eds.), *Principles of Neural Science*, McGraw Hill, Nueva York 2000, 1247-1279; L.R. Squire – E.R. Kandel, *Memory: from Mind to Molecules*, Scientific American Books, Nueva York 1999.

La inteligencia despeja incógnitas sobre lo "dado", pero no siempre crea ella misma esa realidad nueva. Esclarecer la estructura de un sistema, matemático o físico, difiere de crearlo. Innovar exige configurar un sistema nuevo. Requerirá, lógicamente, de la colaboración de la inteligencia, pero desbordará el puro acto de "entender", de desenredar la complicada madeja que se yergue ante nosotros para desentrañar su verdadero significado o sus auténticas dimensiones. El talento creativo va más allá del nivel de inteligencia. Puedo entenderlo todo sin albergar la idea de algo nuevo o sin inventar analogías innovadoras que derramen destellos luminosos sobre un problema imprevisto. Puedo resolver todos los problemas de la matemática, y allanar caminos para integrar funciones hasta ahora esquivas, pero no inaugurar una nueva área que expanda los confines de esta ciencia. Puedo entender un problema filosófico, e incluso exhibir una rapidez asombrosa a la hora de abordarlo, pero quizás no me plantee un nuevo interrogante metafísico, o una nueva perspectiva, o una nueva aproximación a tal o cual ámbito del pensamiento.

Las minucias nublan la vastedad del horizonte, y la inteligencia se ofusca sobre sí misma, se ahoga en esa disección analítica interminable que descompone sin erigir un edificio nuevo y más esplendoroso. El gran artista domina los detalles y destaca como ejecutor, pero ante todo triunfa como visionario, como mente holística que presta mayor atención a la integración de las partes que a su individualidad fragmentada. El genio científico, de manera análoga, trasciende los inexorables pormenores.

La historia de la ciencia evoluciona muchas veces de forma gradual. Sucesivas generaciones de científicos añaden, laboriosamente, una nueva piedra que ennoblece el gigantesco templo de nuestro conocimiento sobre el mundo natural. Sin embargo, las contribuciones propiamente geniales rara vez discurren por cauces "analíticos", en el sentido de limitarse a aislar los constituyentes de la realidad. Ciertamente, sin este trabajo tan abnegado e iluminador no se formularían las grandes teorías científicas, sustentadas sobre los hombros valerosos de multitud de indagadores que han sondeado la realidad física hasta escrutar sus componentes últimos. Pero el genio científico no se resigna a identificar entomológicamente las piezas, sino que arma el rompecabezas legado por otros. Copérnico propone un nuevo sistema del mundo. No desvela un nuevo planeta, no es Herschel que, gracias a su telescopio, a su tesón y a su inteligencia, pone de manifiesto la existencia de Urano, sino que descifra, aun rudimentariamente, la estructura del universo como un todo. Pinta un nuevo cuadro con las formas y colores que otros le han transmitido. Galileo delinea explícitamente el método científico e integra infinidad de observaciones que ya habían sido constatadas por los predecesores de este genio italiano. Darwin ofrece una teoría capaz de recoger y fertilizar innumerables hallazgos zoológicos y geológicos previos. No hilvana una taxonomía tan completa y pormenorizada como la de Linneo, pero descubre el sentido de esa prolija clasificación de las especies vivas que ya había labrado el gran naturalista sueco en el siglo XVIII. Descorre el tupido velo que ocultaba el gran árbol de la vida. El mismo Einstein no opera sobre la nada; no cincela él, desde cero, la idea de la relatividad de los marcos de referencia inerciales o de la constancia de la velocidad de la luz en el vacío. En el crisol de su teoría se funden nociones que ya aleteaban, a veces clamorosamente, en los artículos y libros de Poincaré y Lorentz, pero de las que sólo Einstein supo extraer sus consecuencias últimas, su jugo más excelso. La idea es lo que cuenta. En sus fuentes entiba el sello de la verdadera genialidad. Desarrollarla exige otro tipo de talento. Einstein acudió al auxilio de matemáticos como su fiel amigo Marcel Grossmann para elucidar las ecuaciones de campo que mejor describiesen una brillante intuición germinada en su intelecto: la conexión entre la curvatura del espacio-tiempo y la gravedad[67]. Sin embargo, accedió a ese imagi-

---

[67] En términos harto simplificadores pero poderosamente didácticos, cabe señalar que la ecuación de campo de la relatividad general de Einstein establece una equivalencia matemática entre el tensor de curvatu-

nario tan bello, fructífero y vigoroso a través de sencillos experimentos mentales que no hacen sino rubricar la aquilatada huella de su genio.

La evolución ha conferido al cerebro humano unos amplísimos resortes de flexibilidad, esto es, de margen de maniobra entre la recepción de un estímulo y la emisión de una respuesta, principios neurobiológicos de nuestra creatividad estética e intelectual. En palabras del profesor Joaquín Fuster, "la libertad de creación es el resultado de la inmensa plasticidad que la evolución le ha conferido al cerebro humano"[68]. El poder de la autorreflexión en el hombre dimana, en gran medida, de esa relativa y creciente indeterminación que propicia una organización tan maleable como la del cerebro humano. No puedo "volver sobre mí" si me veo obligado a responder inmediatamente a todo estímulo que provenga del mundo exterior. No puedo crear si no gozo de independencia con respecto al mundo.

El esclarecimiento de las bases neurobiológicas de la creatividad, junto con un estudio más avezado de las circunstancias sociales que suelen potenciar la eclosión de ideas creativas en la mente de los individuos, han de ayudarnos a comprender mejor qué estrategias yacen a nuestro alcance para fomentar formas divergentes de pensamiento, capaces de ensanchar nuestra fantasía y de ampliar el angosto espacio de lo posible.

Resulta indudable que ciertas épocas y lugares han presenciado una efervescencia artística, filosófica o científica que aún hoy nos maravilla. Ese torrente de profundidad matemática, ética y antropológica que desplegó la cultura griega en su edad dorada o esa pléyade de obras sublimes que sazona el Renacimiento italiano, esas cimas literarias jalonadas en el Reino Medio egipcio o esa fecundidad úni-

---

ra y el tensor energía-momento: $R_{\mu\nu} - \frac{1}{2} R g_{\mu\nu} + \Lambda g_{\mu\nu} = \frac{8\pi G}{c^4} T_{\mu\nu}$. El movimiento de un cuerpo dotado de masa se relaciona inextricablemente con las modificaciones en la curvatura del espacio-tiempo a él asociado.

[68] J.M. Fuster, *The Neuroscience of Freedom and Creativity*, Cambridge University Press, Cambridge 2013.

ca que bendijo los siglos más esplendorosos del arte y de la ciencia en los países islámicos así lo atestiguan. El talento llama al talento; la creatividad atrae, con su particular magnetismo, a espíritus ávidos de novedad y anhelosos de asumir desafíos aleccionadores. Pero el conocimiento de la neurociencia que caracteriza toda mente creativa nos proporcionará un alto grado de dominio sobre esa fuerza inigualable que atesora el hombre. Ya no dependerá de ráfagas espontáneas de genialidad o de resucitar edades de oro perdidas en vagas y nostálgicas reminiscencias, consuelo de voluntades utópicas. Si logramos entender cómo operan los mecanismos cerebrales de la creatividad, por qué unos individuos nacen predispuestos a desarrollar más ideas y acciones creativas y cómo podemos propiciar que converjan mejor la inteligencia y la originalidad, estimularemos todas esas energías adormecidas sin necesidad de aguardar una nueva era áurea. Aprender qué gen, qué neurotransmisor, qué circuito, qué reforzamiento sináptico, qué área cerebral..., en suma, qué elementos materiales influyen decisivamente para que los individuos alumbren ideas originales y enriquecedoras, nos brinda esa antorcha que, a imitación de la usurpada por Prometeo, custodia el sagrado fuego de los dioses, en este caso la joya más preciada del universo: la clave de la creatividad.

En su *Crítica de la Razón Práctica*, Kant escribió unas palabras verdaderamente inspiradoras: "Dos cosas llenan el ánimo de admiración y respeto, siempre nuevos y crecientes, cuanto con más frecuencia y aplicación se ocupa de ellos la reflexión: el cielo estrellado sobre mí y la ley moral en mí". Gracias a la ciencia unificaremos el cosmos y la mente, y el mundo del espíritu y de los valores ya no se alzará como un fuero inexpugnable al deseo de saber que tanto dignifica al hombre: una misma razón, científica y filosófica, penetrará en todas las dimensiones del universo y revelará los secretos de ese todo unitario que nos acoge.

Excursus.
El edificio de la ciencia y los "condensadores de complejidad"

Las ciencias firmemente consolidadas sobre la base de unos principios, unas proposiciones y unos métodos de contraste rigurosos y amplificativos de sus enunciados se reducen, en lo esencial, a cinco: la lógica, la matemática, la física, la química y la biología. Cada ciencia se sustenta sobre unos conceptos primarios (que denominaremos "categorías") y unas reglas de conjugación que los imbrican mutuamente. Con un conjunto de categorías básicas y una serie de reglas o principios, ciencias como la física logran formular enunciados contrastables sobre el mundo. Lo validado empíricamente no es la categoría o el principio en sí (creaciones más o menos azarosas de la mente humana, que condensa su intuición del mundo en una serie de unidades sintéticas), sino los juicios gestados por la conjugación de categorías y principios en enunciados significativos para esa ciencia.

Las ciencias son creaciones simbólicas que modelan conjuntos de proposiciones sometidas constantemente a un filtro, el del contraste lógico y experimental, cuyo exigente tamiz selecciona tanto las categorías como los principios y los enunciados. Cabe establecer una interesante analogía con los mecanismos que gobiernan la evolución biológica. Para comprender el vasto y dilatado proceso de la evolución de la vida, resulta necesario prestar atención a dos polos irreductibles de un binomio inmensamente fecundo: la fuente de la variación y el fastuoso poder de la selección natural. En el seno de la naturaleza biológica proliferan miríadas de variaciones genéticas, muchas de ellas cosecha de mutaciones meramente aleatorias (otras quizás motivadas por procesos que sólo el tiempo esclarecerá apropiadamente)[69]. ¿Por qué prosperan unas y se extinguen otras? La respuesta exige apelar a la selección que la naturaleza, el ambiente, la interacción entre el individuo y el espacio circundante, ejerce sobre esas variaciones profusas que acontecen en el curso de cada generación. De manera similar, el progreso de la ciencia se sostiene sobre dos grandes pilares. El primero remite a la extraordinaria creatividad de la mente humana, una fuerza verdaderamente titánica a la hora de alumbrar hipótesis, conjeturas, teoremas, cavilaciones, metáforas, lenguajes... para interpretar los fenómenos que observa a su alrededor. Pero esa vívida y hermosa capacidad de innovación en el plano de las ideas ha de cribarla el juez último de toda teoría: su consonancia, su isomorfía con la realidad, con la experiencia. La fuente de variación teórica se somete a los insobornables cánones de la selección empírica.

El científico puede sentirse tentado de inventar nuevas categorías, pero sólo si el fruto de su ingenio se demuestra fecundo (resiste el contraste empírico y amplía el círculo cognoscitivo de su disciplina) se incorporará al edificio de la ciencia. Cuando se comprueba la imposibilidad de explicar un determinado fenómeno desde las categorías y los principios asumidos hasta el momento, nuevas categorías, nuevos principios o mezclas de ambos emergen y se integran en la sistemática de esa ciencia.

Las incesantes controversias sobre los fundamentos de la física quizás nos apremien a añadir a esta ciencia (al

---

[69] Las investigaciones de Stuart Kaufmann constituyen una aportación importante al respecto. Cf. *The Origins of Order: Self-Organization and Selection in Evolution*, Oxford University Press, Oxford 1993.

menos en su acepción clásica y relativista) otras dos disciplinas: la cuántica y la termodinámica (cuyo segundo principio no se deduce de la ley de conservación de la energía). Por supuesto, tanto la química como la biología (sobre todo esta última) engloban ámbitos muchas veces dispares, guiados por reglas y objetos de estudio diferenciables, lo que en ocasiones genera la apariencia de que no existe "la biología" como esfera unificada. Sin embargo, y si analizamos más detenidamente estas hipotéticas "microciencias" incluidas en la química y en la biología, nos percataremos de que, por complejo o disímil que se nos antoje su materia de estudio, en realidad remiten a los mismos principios fundamentales y operan iluminadas por reglas metodológicas análogas. En lo que respecta a la lógica y a la matemática, por apelar a objetos de pensamiento puro, pese a ser capaces de producir proposiciones contrastables y fértiles (esto es, susceptibles de desembocar en nuevos enunciados que expandan el círculo de la indagación emprendida por cada una de estas áreas del saber), configuran ellas mismas su objeto y sus principios. Constituyen, por tanto, ciencias autorreferenciales, y las dejaremos de lado para centrarnos en las ciencias propiamente referenciales, es decir, volcadas a investigar un objeto que ellas no construyen, sino que les viene fijado por la observación empírica del universo.

De manera que cabe formalizar la estructura y el funcionamiento de las ciencias consolidadas mediante matrices categoriales, que sintetizan tanto las ideas fundamentales sobre las que se vertebra una disciplina concreta como las reglas que relacionan estas nociones nucleares, irreductibles entre sí. La física, clásica y relativista, se ampara en una serie de categorías básicas: materia, energía, espacio, tiempo[70]... No podemos aquí discutir su origen

---

[70] La física, claro está, revela que, por ejemplo, las categorías de materia y energía resultan indisociables en último término. Pero en algunos casos no se puede evitar, al menos conceptualmente, mantener escindidas ciertas nociones que la ciencia unifica. Así, en el caso del espaciotiempo de la relatividad, filosóficamente se nos antoja muy difícil, por no

(esto es, si dichas categorías derivan de principios de simetría y leyes de conservación, algunas de cuyas representaciones invariantes se traducen en categorías como la masa o la energía), ni si es posible vislumbrar una "supra-categoría" que, inspirada en la unidad estructural y funcional de la realidad, compendie todos las categorías de la física en un fundamento irreductible. Lo cierto es que todos los conceptos ulteriores (velocidad, momento, potencia…) remiten siempre a categorías básicas como la masa y el espacio-tiempo. Pero, además de ellas, la física precisa de unas "reglas operativas", esencialmente unas leyes que apelan a fuerzas fundamentales de la materia (gravitatoria, electromagnética, nuclear y débil). Todas las nociones restantes surgen de la integración de una categoría fundamental con una regla operativa básica. Tanto las categorías como las reglas de operación configuran, a su vez, categorías y reglas de operación más complejas, pero en último término reductibles a unas cuantas nociones básicas. Es probable que tanto la física cuántica como la termodinámica incorporen categorías y reglas operativas no reducibles a las que emplean la mecánica clásica y relativista, pero por ahora no profundizaremos en esta cuestión, ni en el problema concomitante de la fractura entre una cosmovisión indeterminista y una de tintes deterministas (como la que impera en el nivel abordado por la física clásica). Para nuestros propósitos, basta con advertir que la física, en cualquiera de sus ramas, requiere siempre de un conjunto de categorías y de reglas metodológicas para producir enunciados significativos y susceptibles de

---

decir inviable, alumbrar una categoría verdaderamente capaz de recoger el contenido de las ideas que "espacio" y "tiempo" engloban por separado. Por mucho que lo intentemos, no lograremos comprender el espacio desde el tiempo y el tiempo desde el espacio. El espacio exige una caracterización forzosamente distinta de la que empleamos para referirnos al tiempo. No conseguiré reducir, en definitiva, el espacio al tiempo o el tiempo a espacio. No entenderé el mundo si no utilizo la semántica que cada una de estas nociones implica aisladamente. La hipotética categoría de "espacio-tiempo" no subsume el espacio y el tiempo en una realidad ulterior.

contraste empírico. Esquemáticamente, la arquitectónica de las ciencias físicas obedece al siguiente modelo:

materia...
energía...   x (fuerzas fundamentales...) = enunciados físicamente
espacio...   significativos y contrastables
tiempo...

Escribimos puntos suspensivos tras las categorías fundamentales y las reglas operatorias porque cada una de estas nociones implica una serie de enunciados concomitantes tanto *ad intra* (en lo que respecta a la relación de las categorías entre sí y de las reglas operatorias entre sí) como *ad extra* (en lo referido a la relación entre las categorías y las reglas operatorias).

El tránsito de la física a la química exige "condensar" la complejidad subyacente a la borrosa divisoria entre ambas disciplinas. La química actúa, por tanto, de una forma que podríamos expresar así:

(categorías de la física) x (reglas operatorias de la física) $\xrightarrow{\text{condensador de complejidad}}$

(categorías de la química) x (reglas operatorias de la química)

Conforme una ciencia explora un nivel de la realidad objetivamente más complejo (su descomposición analítica se revela más ardua), se ve conminada a elaborar otras categorías que en ella actuarán como nociones vertebradoras. La química, además de las categorías y leyes de la física (y, en especial, de la cuántica, sin la que no se puede entender la estructura atómica), opera con categorías y principios propios que encapsulan el salto de complejidad producido entre los estratos abordados por la física y los contemplados por la química. Estos "condensadores de complejidad" manifiestan una interesante analogía con el proceso matemático del paso al límite en el cálculo infinitesimal. Subsumen la casi inabarcable complejidad que separa el nivel físico del químico en una serie de categorías y principios, capaces de "absorber" esa escala de sumatorios pseudo-infinitos gracias a sintetizarla en nuevas unidades conceptuales y operativas. La biología, por ejemplo, se apoya en la física y en la química, pero se ve obligada a incorporar nociones como la de "selección natural" que, si bien explicables, en último término, por vías fisicoquímicas, cubren un campo tan vasto y complejo que reducirlas a sus componentes más básicos resultaría casi imposible. Las fallas epistemológicas que quizás escindan una ciencia o una rama de otra (el paso de la cuántica a la física clásica, por ejemplo) se compendian también en condensadores de complejidad: no puede existir un salto infinito en un mundo finito (sólo en la infinitud potencial de la imaginación, de la mente, de la libre creación intelectual), por lo que el condensador, aunque plasme un sumatorio tendente a infinito, recopilador de multitud de pasos intermedios, jamás representa la normalización de un infinito real.

En el caso de las ciencias sociales y humanas, la gran dificultad que encaran para convertirse en ciencias robustas estriba en la naturaleza de su objeto. En cierto modo, éste vuelve a ser autorreferencial, como sucede en la lógica y en la matemática, porque la totalidad de la cultura humana (la integración de valores, símbolos y prácticas predominantes en un tiempo y en un espacio revestidos del suficiente grado de homogeneidad), aun enraizada en necesidades y procesos biológicos, evoca más bien una construcción histórica de la creatividad de nuestra mente, cuyo espíritu se enfrenta a continuos desafíos y anhela expresar inquietudes profundas. La identidad entre el *verum* y el *factum* de Giambattista Vico cobra aquí todo su carácter iluminador: la inextricable conexión entre la "verdad" sobre lo humano y su devenir histórico.

Sólo cuando las ciencias sociales y humanas, en continuidad con las ciencias naturales, hayan establecido conjuntos de categorías y de principios metodológicos consistentes y ampliables (pero sin perder el hilo conductor que los vincule y reduzca a las categorías y principios fundamentales), sometidos a contraste empírico, habrán franqueado los severos pórticos de la ciencia. Por el momento, esta meta permanece esquiva. No podemos enunciar un elenco de conceptos y de reglas metodológicas en cualquiera de las ciencias humanas y sociales que no se halle sujeto a disputas interminables. ¿Cuáles son las categorías primarias de la sociología, o de la economía, o de la historia? ¿Y las reglas que las vinculen mutuamente? Más allá de la nitidez en torno al objeto de estudio, poco se ha conseguido. Sí se han diseñado modelos dotados de enorme sofisticación, pero las dificultades para relacionarlos con ciencias "más básicas", así como para ampliarlos a otras esferas de la vida humana, impiden albergar esperanzas, al menos a corto plazo, en la viabilidad de una sólida fundamentación científica de las ciencias humanas y sociales. Sólo un conocimiento adecuado y hondo de la mente humana, creadora, tanto en el plano individual como en el colectivo, de la fascinante multiplicidad de fenómenos culturales que sazona la historia de nuestra especie, propiciará una incardinación metodológica de las humanidades y de las disciplinas sociales que las parangone con las ciencias naturales.

APÉNDICE I
CIENCIA, FILOSOFÍA,
TEOLOGÍA... ¿SABIDURÍA?[71]

1. Información, conocimiento, sabiduría

> *"Where is the wisdom we have lost in knowledge?*
> *Where is the knowledge we have lost in information?"*[72]

Estos versos proféticos de T.S. Eliot, escritos en 1934, reflejan de manera clarividente la situación de nuestra ciencia, de nuestra filosofía, de nuestra teología: un cúmulo inabordable de información, ya difícilmente "procesable", "entendible", susceptible de "interiorizarse", de modo que coadyuve a nuestro crecimiento como personas, a título individual y colectivo. Se nos antoja casi imposible "degustar" el saber, "amarlo", tal y como sugiere la más genuina acepción del término *"filosofía"*.

El fin de la información ha de ser, como vislumbrara magistralmente T.S. Eliot, el conocimiento, pero este último no puede agotarse en sí mismo: hemos de conocer, esto es, debemos captar la conexión que hilvana los datos,

---

[71] Este texto corresponde a una conferencia pronunciada en Madrid en marzo de 2012.
[72] T.S. Eliot, *Choruses from the Rock*. En *Collected Poems 1909-1935*, Harcourt, Brace and Company, Nueva York 1936.

el vínculo que enhebra las "piezas de información", para esclarecer cómo se relacionan las partes en un todo, pero el objetivo de este afán ha de radicar en la sabiduría, en el amor al saber para amar también a la humanidad. La sabiduría no puede consistir sino en la "vivencia" del conocimiento, en volcar todo cuanto se ha comprendido para traducirlo en *vida*, en apasionamiento, en entusiasmo por los horizontes que el propio conocimiento nos ofrece de cara a la mejora de la existencia, así como al desarrollo de una vida que discurra por sendas más profundas, y adquiera una conciencia más honda de sí misma: de sus virtualidades y de sus carencias, pero sobre todo de su llamamiento a entregar a los demás esa luz que ha captado nuestra mente. Tenemos que transparentar, con generosidad y limpidez, el conocimiento atesorado, para que la savia de la ciencia resplandezca con intensidad, y su potencial de humanización nos exhorte a buscar el amor, la sabiduría y la belleza.

Nuestra cultura acopia una cantidad ingente de información. ¿No resulta estremecedor, a la vez que fascinante, efectuar búsquedas sobre cualquier temática en la Red y comprobar que "todo está ahí", a nuestra disposición, prácticamente sin intermediación, partícipe del prodigio de la instantaneidad, del "poseerlo todo ya", del reunir la totalidad enciclopédica del saber almacenado en ese mundo virtual que Internet despliega ante nosotros? Ni el más encandilador sueño amparado por los ilustrados o, ya antes, por Leibniz (quien contribuyó a fundar numerosas academias y sociedades científicas en Europa) habría presagiado una difusión tan esplendorosa del conocimiento. Ya no es necesario acudir a las grandes bibliotecas y a las universidades más insignes para leer, de primera mano, las obras más importantes de cada disciplina, así como los trabajos de vanguardia. *Google Scholar*, por ejemplo, ha revolucionado la investigación en las humanidades, porque la laboriosa tarea de buscar referencias, de sumergirse en ese vasto cosmos de venerables bibliotecas, de desempolvar libros que nadie había consultado durante décadas y de divagar junto a anaqueles antiquísimos, como ocurre en la *Bodleian Library* de Oxford, en la *Bibliothèque Nationale* en París o en la *Widener Library* de Harvard, ha perdido ese valor, ese "romanticismo" del que se hallaba imbuida, ante la pujanza que fluye de la búsqueda instantánea de la información.

Sin embargo, la "inmediatez", la capacidad casi inextinguible de acceso a datos, a artículos, a publicaciones de la más diversa índole, permanece todavía en el plano de la mera información. Debemos considerarnos afortunados, indudablemente, por gozar de estas herramientas digitales, que tanto facilitan el quehacer intelectual y la extensión de la información a todos los hombres y mujeres del planeta, para que ésta no se convierta en el privilegio de unos pocos. Internet se alza como una "nueva imprenta", digna émula de esa máquina diseminadora de conocimiento a lo largo y ancho del globo que estimuló la transición a una nueva era. Poco ha de envidiar al impacto que supuso la genial invención de Gutenberg al alba de la edad moderna. Este hito propició que el conocimiento ya no se recluyera en determinados ámbitos, sino que franqueara esas angostas puertas para emanciparse de su condición de preciado patrimonio de unos pocos. Su luz iluminaría a muchas más personas, y suscitaría la posibilidad de que todos, con independencia de su estatus social, se enfrentaran "cara a cara" al saber, sin la mediación ejercida por intérpretes y comentaristas que eclipsaban el primor de la sabiduría antigua. Fue, justamente, esa recuperación de la ciencia y de la filosofía legadas por el mundo clásico en la época del Renacimiento lo que impulsó, decisivamente, la revolución científica y el nacimiento de la civilización moderna. La modernidad, al disfrutar de un acceso directo a los textos antiguos, sin la intermediación de los comentaristas medievales, logró rescatar la "frescura" del espíritu clásico, y se encontró, así, en condiciones de exceder esa fecunda herencia, de rebasarla para descubrir nuevas luces sobre el mundo y la humanidad. Lógicamente, este movimiento habría resultado imposible sin el esmero con cuya diligencia muchos copistas y pensadores, durante la Edad Media, preservaron y transmitieron el saber clásico (tarea en la que participaron activamente judíos, cristianos y musulmanes), pero la invención de la imprenta está revestida de una importancia singular, porque, por primera vez en su historia, la humanidad poseía un medio rápido y eficiente de difusión del conocimiento.

La inmediatez del saber, que en nuestro tiempo se evidencia, nítidamente, en la accesibilidad al conocimiento que nos proporciona Internet, oculta, sin embargo, un innegable peligro: esa inmediatez puede convertirse en falta de reflexión, en acumulación acrítica de información, en ausencia de una ponderación adecuada del valor y de la jerarquía de la información, de su contexto, de su vigencia, de su interrelación con otros contenidos y, sobre todo, de su *sentido*. Al apilar datos nos invade la tentación de creer que conocemos algo, esto es, que relacionamos la información disponible de manera adecuada para comprenderla, para esclarecer cómo se entretejen las partes en un todo. Y, análogamente, al conocer, llegamos a pensar que hemos conquistado la sabiduría, es decir, que hemos aprendido a traducir ese conocimiento en vida, en mejora, en crecimiento.

Detrás de la colosal montaña de información que se yergue ante nosotros vibra, sin embargo, la pregunta por el sentido, por la comprensión de lo que conocemos, por la sabiduría en cuanto traducción de lo conocido en vida. Atesorar datos puede contribuir a eclipsar esa interpelación, a nublar el entendimiento, a apagar la frescura exhalada por la reflexión serena, profunda y valiente, que no se refugia en la información reunida, sino que se atreve a pensar y se consagra, de hecho, a meditar con sosiego. La reflexión honda, la antesala de la sabiduría, lucha así contra una curiosidad desenfrenada cuya impaciencia se centra en lo accesorio, no bucea hasta lo nuclear y, enceguecida por los detalles, enmascara lo fundamental con filigranas vacuas, con el sinfín de árboles que le impiden contemplar la amplitud del bosque. En palabras de Heidegger: "una curiosidad abierta en todas las direcciones y un infatigable afán de conocerlo todo simulan una comprensión universal del *Dasein*. Pero en último término queda indeterminado e incuestionado qué es lo que propiamente hay que comprender; queda sin comprender que la comprensión misma es un poder-ser que sólo ha de ser liberado en el *Dasein* más propio"[73].

La reflexión aguda examina, sí, los detalles, porque profundiza en la cuestión planteada, pero no se queda paralizada en los pormenores, no se ocluye en una búsqueda ilimitada y ansiosa de más y más datos, de más y más minucias y prolijidades, sino que piensa, formula tesis, conecta datos, comprende: se afana en entender el contexto y la mutua imbricación entre las partes para eventualmente entregarse a lo sapiencial, que no es sino la encarnación de ese conocimiento en una vivencia insustituiblemente personal, en un proyecto vital. La reflexión se decide, por tanto, a *pensar*, esto es, a ejercer su libertad sobre el objeto conocido para así juzgarlo, cuestionarlo, interrogarlo y entender su significado de manera cada vez más penetrante: "*non multa, sed multum*", sostenía Plinio el Joven. Quizás estribe en este punto la diferencia principal entre una computadora y la mente humana: el intelecto explora la dimensión *semántica* de la realidad, mientras que la computadora permanece anclada en la *sintaxis*, "secuestrada" por el mero procesamiento de datos de acuerdo con reglas, por la construcción lógica de "fórmulas bien formadas", sin abrirse a su comprensión, como subrayó el filósofo norteamericano John Searle al esgrimir su célebre argumento de la habitación china[74].

El riesgo de acumular tanta información, una erudición tan fáustica, tan sobredimensionada y, por qué no, tan disipada (pues con frecuencia se cobija en la necesidad de acaparar un número aún mayor de datos –avidez que podría prolongarse *ad infinitum*- para evitar pensar), es similar al de convertirnos en réplicas de "Funes el memorioso",

---

[73] M. Heidegger, *Ser y Tiempo*, Trotta, Madrid 2009, 196.
[74] Cf. J. Searle, "Mind, brain, programs", *Behavioral and Brain Sciences* 3/3 (1980), 417-457.

como en el famoso relato de Jorge Luis Borges: un hombre que podía recordarlo todo, retenerlo todo, "congelarlo" todo en su colosal mas gélida memoria, en su prometeica capacidad de reminiscencia. Y, sin embargo, la posesión de ese don tan extraordinario demandaba el pago de un precio demasiado alto: la incapacidad de pensar, esto es, de generalizar, de abstraer, de relacionar, de "poner entre paréntesis" lo accesorio para llegar hasta lo sustancial (en una especie de "*epojé*" fenomenológica). Quizás nos equivoquemos (es más: hemos de equivocarnos), y soslayemos detalles a la larga relevantes, pero la empresa del saber, de la comprensión, de la asimilación, jamás se encuentra desprovista de altibajos, sino que se configura con aciertos y errores. La ciencia ha progresado porque ha aprendido a distinguir entre los factores fundamentales a tomar en consideración y los prescindibles: Galileo no se afanó en comprender holísticamente la realidad, sino que las preguntas tan avezadas que le dirigió al mundo material a través de sus experimentos (los cuerpos que caían por planos inclinados, por ejemplo) se centraban en un número muy concreto de factores que, a su juicio, resultaban necesarios y suficientes para explicar el fenómeno en cuestión que acaecía ante sus ojos. Así, para dar cuenta del movimiento del péndulo, no se vio obligado a disertar en torno al color que ostentaba este objeto, sino que focalizó su atención sobre cantidades mensurables como el período y la longitud. Delimitó, agudamente, el marco de su propia indagación.

El conocimiento, en definitiva, en cuanto explicación (el *erklären* del ámbito de las ciencias naturales) y comprensión (el *verstehen* de la esfera de las "*Geisteswissenschaften*", por apelar a la distinción tradicional enarbolada por Dilthey)[75], exige "discriminar" entre lo fundamental y lo secundario; precisa de un juicio sobre lo que se alza ante nosotros, sobre la información apilada, para así relacionar la multiplicidad con una unidad subyacente, la variedad fe-

---

[75] Cf. W. Dilthey, *Einleitung in die Geisteswissenschaften: Versuch einer Grundlegung für das Studium der Gesellschaft und der Geschichte*, B.G. Teubner, Stuttgart 1959.

noménica con sus leyes y estructuras básicas. Este dirimir, este "abstraer", converge con el pensamiento, con fascinarse, sí, ante el fenómeno contemplado, mas sin desistir de conjugar ese entusiasmo con un juicio crítico, apto para permitirnos llegar hasta su núcleo de inteligibilidad, hasta los factores necesarios y suficientes que allí concurren, a fin de que no nos aprisione una rapsodia de experiencias de cuya heterogeneidad no se extraiga conclusión alguna. Conocer implica concluir algo, "proponer", en el sentido de formular una consecuencia, en lugar de permanecer desasidos en la placidez de una falsa actitud contemplativa, en cuya pasividad nos limitemos a observar la maraña de información sin tratar de "humanizarla", esto es, de "categorizarla" mediante el poder de abstracción ínsito al entendimiento.

En cualquier caso, hemos de exponer con mayor precisión la diferencia entre ciencia, filosofía, teología y sabiduría. Más aún, hemos de preguntarnos de qué modo estas disciplinas académicas se relacionan con la sabiduría: de qué manera la "incoan" activamente o, por el contrario, "eclipsan" su luz.

2. LA CIENCIA

Pocas aventuras han sido tan fecundas para el desarrollo del espíritu humano como la que subyace a la ciencia natural. La visión científica del mundo ha avanzado con excepcional rapidez desde los siglos XVI y XVII, cuando en tiempos de Copérnico, Galileo, Kepler y Newton se formularon las bases de su método, la mejor herramienta disponible para explicar los fenómenos que sazonan el cosmos.

En el campo de las ciencias que estudian la materia inerte, la física ha progresado admirablemente, hasta descubrir las cuatro fuerzas fundamentales (gravitatoria, electromagnética, nuclear débil y nuclear fuerte) y el prolijo elenco de partículas elementales. A día de hoy busca, precisamente, una unificación de las cuatro interacciones básicas y un refinamiento del modelo estándar de partículas elementales. En cierto sentido, esta penetración tan profunda en la estructura de la materia condensa el fruto maduro de la revolución en la física del microcosmos iniciada por Max Planck en 1900 y continuada con la gestación de la mecánica cuántica en los años '20 y '30.

En el plano macrocósmico, la revolución que supuso la teoría de la relatividad de Einstein (en sus versiones especial y, sobre todo, general) condujo a una nueva comprensión de la naturaleza del espacio-tiempo y de la fuerza de la gravedad, y, como su consecuencia más sugerente, a la idea de una evolución del universo, tal y como se manifiesta en la teoría del Big Bang ya desde los trabajos pioneros de Lemaître, Friedmann y Gamow. El universo, al igual que la vida, posee una historia, una evolución. Cómo integrar lo macrocósmico con lo microcósmico en una teoría unificada de las fuerzas fundamentales de la materia constituye uno de los grandes desafíos de la física actual.

En la esfera de las ciencias de la vida, la consolidación de la biología como ciencia en el siglo XIX (con la teoría celular de Schwann y Schleiden y la teoría de la evolución por selección natural de Darwin y Wallace), junto con la revolución que significó la genética, ya desde Mendel, propició que, a mediados del siglo XX, se elucidara "la clave de la vida", la estructura del ADN, el secreto de la transmisión de la información genética. Los avances más sobresalientes protagonizados por la biología molecular y la genética nos permiten entender, con mayor profundidad, cómo operan los organismos vivos, y, en el terreno de las aplicaciones prácticas, alimentan la esperanza de encontrar soluciones para tantas enfermedades que aún hoy nos afligen. Persisten, sin embargo, dos hondísimos arcanos que la ciencia biológica no ha sido capaz de escrutar. El primero alude al origen de la vida (la hipótesis del "mundo de ARN" parece, sin embargo, apuntar hacia la posibilidad de una solución no muy distante)[76]. La segunda, quizás de mayor calado, se refiere al funcionamiento de la mente humana. La neurobiología y las ciencias cognitivas han avanzado mucho en las últimas décadas, especialmente desde los años '60, pero la tarea es aún ingente. Como escribiera Sir Francis Crick, la conciencia representa "el problema más importante, aún no resuelto, de la biología"[77], si bien, en palabras del también premio Nobel Eric Kandel, "la síntesis de la neurobiología, la psicología cognitiva, la neurología y la psiquiatría (…) es muy prometedora. La psicología cognitiva moderna ha demostrado que el cerebro almacena una representación interna del mundo, mientras que la neurobiología nos ha revelado que esta representación puede ser entendida en términos de neuronas individuales y las conexiones entre ellas"[78].

La existencia de incógnitas que la ciencia aún no ha despejado es prueba de su vitalidad, de su frescura, de su juventud. La empresa científica posee todavía futuro. La provisionalidad inherente a los enunciados científicos no invalida lo que afirman: relativiza, en todo caso, la pretensión de haber agotado la comprensión de la naturaleza, pero no conculca sin más lo que ya se sabe. La teoría de la relatividad, por ejemplo, no refuta la mecánica clásica, sino que la concibe como uno de sus casos límite: la integra dentro de una perspectiva de mayor alcance y dotada de un potencial explicativo superior. Algo similar ocurre con la mecánica cuántica.

La ciencia nos proporciona un conocimiento valiosísimo sobre el mundo y sobre nosotros mismos que la filosofía, como "amor a la sabiduría", no debe subestimar, menos aún si se enroca, apologéticamente, en la "provi-

---

[76] Cf. C. Zimmer, "On the origin of life on Earth", *Science* 5911 (2009), 198-199.

[77] "*Consciousness is the major unsolved problem in biology*", en el prólogo a Ch. Koch, *The Quest for Consciousness. A Neurobiological Approach*, Roberts and Company Publishers, Englewood 2004.

[78] Cf. E.R. Kandel – J.H. Schwartz –Th. M. Jessell, *Principios de Neurociencia*, McGraw-Hill, Madrid 2011, 1277.

sionalidad de los enunciados científicos", pues igualmente transitorias son las aseveraciones filosóficas, también la que acabamos de consignar. Es necesario comprender las enseñanzas de la ciencia, bañarse en sus sugestivas aguas para admirar ese esfuerzo tan notable que la humanidad ha desarrollado durante siglos, vertido hacia la elucidación de la estructura y de la dinámica del cosmos. La técnica quizás acrisole la consecuencia más vistosa y grata de la ciencia, al mejorar nuestras condiciones materiales de vida (aunque exhiba también el inmenso poder destructor que dimana del conocimiento), pero la fascinación más profunda que la ciencia ejerce sobre la mente humana, la rúbrica más resplandeciente de su éxito epistemológico, no reside en la técnica, sino en su poder explicativo por medio de causas y efectos. Que el genio teórico de Einstein predijese, con asombrosa exactitud, la desviación en el movimiento del perihelio de Mercurio con respecto a lo vaticinado por la mecánica clásica resulta del todo sorprendente. Al maravillarnos ante este hito rendiremos tributo, en realidad, al vigor de la inteligencia humana, así como a la estela tan fructífera marcada por el método científico y por esa feliz conjunción entre la física y el formalismo matemático de cuyas fuentes se nutre.

Sin embargo, la ciencia, a pesar de desentrañar los misterios del mundo, no soluciona "mi misterio", "mi problema", como advirtiera Wittgenstein. La insuficiencia que muestran los conocimientos científicos para "mí", para mi subjetividad, para mi esfera existencial, para el desciframiento del rompecabezas que yo mismo encarno, genera "insatisfacción [*Unbefriedigtheit*]". Los enigmas científicos se resuelven paulatinamente, pero nuestro problema persiste, continúa "vivo"[79]. El arcano más insondable apela a la existencia del mundo: la célebre cuestión "¿por qué el ser y no la nada?", que con tanta intensidad interpeló a Leibniz y a Heidegger. Más aún, no deja de sellar un

---

[79] Cf. L. Wittgenstein, *Cuadernos 1914-1916*, Síntesis DL, Madrid 2009.

misterio espesísimo el hecho de que la humanidad no cese de formular interrogantes: la incógnita de por qué hemos emprendido la senda de la ciencia y de la filosofía, de por qué albergamos ese exceso de energía en nosotros, esa insatisfacción perenne... Ni siquiera la hipotética explicación, en términos evolutivos, de cómo ha emergido esa capacidad tan formidable que blande cada uno de nosotros apaga el fuego avivado por la pregunta, porque siempre puedo inquirir más y con mayor hondura.

La ciencia no resuelve el misterio del sentido de mi existencia, ni me alecciona sobre cómo he de vivir en el *hic et nunc* de la historia; menos aún sobre cómo hemos de organizar la vida comunitaria. Cultivar la ciencia y acumular conocimientos científicos no equivale, por tanto, a ser sabio: la sabiduría exige una reflexión ulterior sobre cómo disponer de ese conocimiento, sobre cómo "vivirlo", sobre cómo emplearlo. El fin no se sedimenta en el conocimiento científico en sí mismo, sino en su significado potencial de cara a la orientación de la vida humana.

3. La filosofía

Plantear siquiera la pregunta sobre el estado actual de la filosofía exhibe una osadía inabordable, porque no existe "la filosofía". ¿Nos referimos acaso a las escuelas filosóficas del subcontinente indio? ¿Y, en el seno de la filosofía occidental, a qué tradición aludimos: a la analítica –con sus propias tendencias– o a la continental; y, dentro de esta última, a la fenomenológica, a la existencialista, a la marxista, a la hermenéutica, a la posmoderna...? La variedad de orientaciones filosóficas, tanto históricas como presentes, nos obliga a interrogarnos sobre el significado de la filosofía. Si por "filosofía" nos referimos al modo en que históricamente, y, en concreto, en el siglo XX, se ha cultivado esta disciplina, es imposible extraer ninguna conclusión. Se confirmará, si acaso, el creciente desencanto ante los "grandes relatos" filosóficos del pasado, cuyo reflejo más palmario nos lo brinda la posmodernidad, y se comprobará cómo arrecia la perspectiva de la sospecha, óptica que, ya desde Marx, Nietzsche y Freud, ha procedido a efectuar un "análisis genético" de las tesis filosóficas para poner de relieve cómo responden a intereses más básicos, "infraestructurales", ya sean de índole socio-económica, "emanaciones" de una irredenta voluntad de poder o resultado de dinámicas de naturaleza inconsciente. Por otra parte, el fracaso del "socialismo real" ha extinguido, casi por completo, la confianza en la razón para orientar la acción colectiva de la humanidad en el tiempo hacia el futuro. Sólo cabe constatar entonces la variabilidad, la provisionalidad, el límite, la fragmentación de todo sujeto colectivo e individual…

Sin embargo, acumular conocimientos filosóficos no equivale a filosofar. La erudición filosófica a veces proporciona una herramienta privilegiada para reflexionar en profundidad sobre la vida (que constituye, en realidad, la esencia de la tarea filosófica), pero no la agota. Si la filosofía no recupera el primor de la reflexión, el "pensar" las cuestiones con hondura y serenidad, se convierte en un mero repertorio de datos, de información, de regreso nostálgico a los grandes maestros sin ponderar, en el aquí y en el ahora, cómo hemos de vivir humanamente nosotros, hombres y mujeres del siglo XXI. La erudición filosófica no puede sustituir la empresa filosófica propiamente dicha. Pensar rubrica una meta inocultable para toda época y para todo ser humano. Los grandes autores del pasado no cesarán de iluminarnos, dada la agudeza y profundidad de su penetración en interrogantes perennes que versan sobre la críptica condición humana, pero nosotros hemos de tomar el testigo activamente, y entregarnos al *pensar* con entusiasmo y esperanza. No podemos abdicar de vivir, por lo que no hemos de desistir de pensar cada temática, cada cuestión inveterada que ha alumbrado la filosofía (todavía latente desde la aurora de esta disciplina en las costas de Jonia), con una ilusión reverdecida.

En este sentido, hemos de "repristinar" el significado genuino de filosofía como "amor a la sabiduría". Amar la sabiduría es en sí mismo sabiduría, porque entraña una forma de vida que invita a crecer, a consagrarse a lo noble, a lo evocador, a esa luz que nos conmina a trascendernos a nosotros mismos y a franquear la agria barrera de nuestra angostura. Conocer filosofía, "saber de filosofía", no implica amarla. Profesar amor hacia la sabiduría consiste en una realidad mucho más profunda: estriba en pensar hondamente, en pensar sobre la totalidad, en atreverse a vincular las partes con un todo y a reflexionar sobre la vida, sobre el conocimiento atesorado, sobre el pasado, el presente y el futuro... Esta "síntesis", acorde con nuestra capacidad de ponderar el vasto elenco de fenómenos y experiencias que comparece ante nosotros, vertebra la labor filosófica. Nos exhorta, aún más, a universalizar la estela de la filosofía, a comprometernos para propiciar que todos puedan "ser filósofos"; a instaurar un espacio, bañado de libertad y purificado por la solidaridad, donde desplegar la fascinante creatividad humana. Amar la sabiduría nos impulsa, por tanto, a convertir el saber en vida.

4. LA TEOLOGÍA

Una análoga osadía a la que destella en la pregunta sobre el estado de la filosofía se refleja en la referida a la situación de la teología. ¿Cómo resumir, en pocas líneas, la historia de la teología más reciente? ¿Cómo dar cuenta de todas las escuelas teológicas descollantes, por ejemplo, en el ámbito del protestantismo: de la teología dialéctica, de la teología existencialista, de las teologías de la historia, de la teología de la esperanza; o, dentro del catolicismo, de la *nouvelle théologie* francesa, que anticipó el Concilio Vaticano II, de las teologías posconciliares, como la de la liberación, de la teología personalista, etc.? Sencillamente imposible. Y nos ceñimos exclusivamente al terreno cristiano, sin aludir a los desarrollos teológicos en el seno del judaísmo (pensemos en Buber, en Rosenzweig, en Levinas...), del Islam o de otras religiones...

Por otra parte, la teología sistemática representa sólo una parte -quizás la más relevante- de la labor teológica. Los desarrollos experimentados, por ejemplo, en el campo de los estudios bíblicos, gracias a la aplicación de las distintas metodologías hermenéuticas a las sagradas escrituras del judaísmo y del cristianismo, así como a la obtención de un conocimiento más detallado sobre la historia de las distintas tradiciones religiosas, han generado, en no pocos casos, un profundo impacto en la teología sistemática. No es posible comprender la teología de corte existencial de Bultmann sin tomar en consideración su trabajo como exegeta del Nuevo Testamento, que "impregna" toda su reflexión sistemática. Y, a la inversa, sus investigaciones neotestamentarias difícilmente podrán desligarse de su orientación sistemática, inspirada, en gran medida, en la analítica existencial de Heidegger. Las grandes teologías surgen de una sinergia entre una relectura honda y avezada de los textos bíblicos y la asunción de un paradigma filosófico. El *"nemo theologus nisi philosophus"* de los medievales no ha perdido su vigencia: basta con analizar cada uno de los movimientos teológicos del pasado siglo que acabo de reseñar para percatarse de que en todos ellos late una determinada orientación filosófica, que converge con una interpretación específica de los textos bíblicos.

Pero, nuevamente, atesorar conocimientos de teología no equivale a "hacer teología" ni, menos aún, a asir la antorcha de la sabiduría. "Teologizar", para el cristiano, exige beber, una y otra vez, de las mismas fuentes: la Biblia, las tradiciones teológicas, los grandes escritos de la espiritualidad..., pero esa reflexión ha de volcarse hacia el hoy y proyectarse hacia el mañana. El interrogante sobre cómo conjugar la Biblia con el periódico de cada día, esto es, con el mundo que nos ha tocado vivir, desafío que tanto inquietara a Karl Barth, nos interpela también hoy, como ya lo hizo en la Antigüedad. San Agustín meditó sobre su tiempo, sobre el ocaso de una época (epitomizado en la caída de Roma), pero estas vicisitudes históricas propiciaron que reflexionase sobre la auténtica ciudad eterna, sobre la urbe divina donde imperecederas fueran la vida, el amor y la belleza. Santo Tomás de Aquino se topó con un *corpus philosophicum* que contenía una "plétora" de sabiduría, el aristotélico, pero cuyas doctrinas no habían incidido hasta entonces con la suficiente fuerza sobre la teología cristiana, a diferencia de lo que había sucedido en la islámica (Avicena o Averroes dan fe de ello) o en la judía (por ejemplo, en Maimónides), y se dispuso a extraer todo su potencial racional para expresar, aun en sus inexorables límites, esa genuina verdad cristiana en la que tan firmemente creía. Schleiermacher teologiza en el apogeo del romanticismo y del idealismo, cuando las energías espirituales se han vertido sobre el sentimiento y no sobre la razón, y concibe la religión como la intuición de nuestra dependencia del absoluto.

Teologizar comporta, en todos los casos, el afán de descubrir a Dios, lo incondicionado, el amor absoluto, en el *hic et nunc* de la historia. La teología nos exhorta, después de todo, a la búsqueda de un sentido para la vida: nos insta a "vivir humanamente", por lo que la teología, si aspira a tener algo que decirle al hombre contemporáneo, ha de sumergirse, sí, en sus propias fuentes y en su ilustre tradición, pero ha de resplandecer como sabiduría: ha de revelar una luz sobre cómo hemos de vivir hoy para ensanchar el espacio de nuestra humanidad. La teología no debe renunciar a replantearse la noción de "Dios". Ha de sopesar si resulta todavía legítimo continuar aferrada a una visión antropocéntrica de lo divino, en vez de imaginar un estadio superior al del hombre, un escenario futuro sobrehumano en cuyo espejo quepa vislumbrar una analogía más profunda y esclarecedora de ese misterio que las religiones han invocado clásicamente bajo el nombre "Dios". La ciencia de nuestros días desvela panorámicas subyugantes sobre el universo, los fundamentos de la materia y sus prolijas leyes matemáticas. La admiración por la complejidad, la finura y la belleza del cosmos físico, biológico y psicológico expone nuevos rostros para pensar lo divino y enriquecer el acervo ético y artístico de la humanidad. Sin embargo, una teología enquistada en categorías filosóficas obsoletas y en afirmaciones hipotéticamente recibidas hace milenios se verá sentenciada al ostracismo. El presente la contemplará como una hermosa flor marchita que quizás encuentre acomodo en el museo de las ideas desvanecidas, pero no en el areópago de las discusiones más acuciantes sobre las inquietudes, las expectativas y los desafíos que encara nuestra especie. Sólo si bebe de las aguas de la ciencia y del progreso en nuestra percepción como seres libres llamados a extender nuestro espíritu y a mejorar nuestras condiciones de vida podrá ofrecer, también hoy, también en esta hora, también en este amanecer saciado de esperanza, un estímulo inspirador para una mente, la del hombre, siempre ávida de sugerencias que espoleen su creatividad.

Sólo un Dios que nos permitiera crecer como humanidad sería digno de nuestra fe. Cualquier deidad que se limitara a atormentar nuestra ya flagelada conciencia con el recordatorio de la gravedad contraída por nuestros errores, vicios y perversiones; todo ser sobrenatural de cuya voz tan sólo emanaran recriminaciones y palabras martirizadoras para nuestro espíritu; una divinidad, en suma, de la que únicamente destellara el oscuro rayo del temor, la amenaza constante de un castigo implacable, el sometimiento de nuestras ansias más profundas a la acción punitiva de un padre severo, cuya dureza no tolera la libertad ganada por sus vástagos, su derecho a la emancipación; esa clase de creador del universo y de soberano de la vida no merecería nuestra confianza, nuestra adhesión. La fe ha de brindarnos una fuente de valentía, de deseo, de amor, de incitación a conocer y a explorar nuevas sendas en la aventura de la vida. La fe no puede torturarnos con el pánico y con el agrio presagio de unas llamas calcinadoras que nos consuman a causa de nuestra maldad. En nosotros conviven la bondad y la iniquidad, pero no conquistaremos la cúspide del bien y del amor si esas alturas que tanto nos han fascinado y consolado a lo largo de los siglos nos angustian con el abrumador vislumbre de la condenación. No queremos que de los cielos se derramen lágrimas o rencores, sino un rocío de esperanza. Necesitamos misericordia y comprensión, no aspereza, rigor y crueldad. Si creemos, nuestra fe ha de responder a un anhelo intenso de vida, de descubrimiento, de madurez y de frescura. Si creemos, nuestra fe debe ser libre, fruto de la ternura y del don, no producto del miedo y de la inclemencia. Sólo edificaremos un futuro rebosante de sabiduría, de belleza y de amor si nuestra voluntad se entrega a una luz digna de la humanidad, a una fuerza que nos impulse a avanzar, a perfeccionarnos, a expandir las energías de la vida y los horizontes del pensamiento.

5. La sabiduría como entrega

Atesorar conocimientos científicos, filosóficos o teológicos no garantiza discurrir por la senda de la sabiduría. Como afirmó Carl Gustav Jung, "al magnífico desarrollo científico y técnico por un lado, corresponde, por otro, aterradora falta de sabiduría e introspección"[80]. Para empezar, la sabiduría no se posee: la sabiduría "nos posee". La sabiduría no constituye un objeto del "tener", sino un ideal recóndito que nunca capturamos, porque remite a la libertad. La sabiduría, por tanto, no puede agotarse en una formulación específica que confine su esencia a los estrechos márgenes impuestos por una definición concreta. La sabiduría, en cuanto libertad, no se convierte nunca en patrimonio de individuo o cultura alguna. Somos siervos, no propietarios de la sabiduría. La sabiduría pertenece a la esfera del "ser", no a la del tener, por apelar a la distinción tan luminosa que propuso Erich Fromm en su célebre

---

[80] C.G. Jung, *Psicología y Religión*, Paidós, Barcelona 1949, 35.

ensayo ¿*Tener o Ser?*[81] La sabiduría es libre, porque jamás se atrapa como "un útil a la mano". No disponemos de la sabiduría de la misma manera que utilizamos una herramienta, un elemento de información o incluso un enunciado científico. La sabiduría "se vive": la sabiduría no es otra cosa que la *persona sabia*.

La persona sabia contempla el conocimiento como fuente de libertad, y se compromete a convertirlo en cauce de unión entre los seres humanos, en hontanar de paz, en manantial de creatividad. El sabio no se regocija sin más en lo que conoce: profundiza, con agudeza, para extraer todo su jugo y proyectarlo sobre la vida y sobre la sociedad. Acrisola el conocimiento para descubrir, en él, un modo de vida. Se entusiasma con el conocimiento, palpa su "mística", saborea, con "*esprit de finesse*", cada concepto, se hace cargo del contenido de cada idea y se entrega, por ello, a difundir esa misma fascinación a cuantos lo rodean. Propone su cultivo, su propagación y su ampliación como una forma privilegiada de *vida lograda*. La búsqueda del conocimiento, transfigurada ahora en el anhelo sapiencial de que el conocimiento se metamorfosee en vida e inspire la existencia, lo exhorta a comprometerse con el crecimiento de la humanidad, cuyo momento ineludible reside en la mejora de las condiciones materiales de vida. Se consagra, así, a servir a la justicia, a mitigar el sufrimiento humano, a emplear su conocimiento y su anhelo sapiencial para ayudar a los demás. Se compadece de la angustia ajena, y se afana en eliminar el dolor que tanto atribula a sus hermanos.

El deseo incesante de conocimiento que invade a la persona sabia le insta también a expandir su mente, a tolerar otras opiniones, a buscar sin prejuicios, a escuchar, a aprender, a sumergirse en la historia, en la variedad de culturas, en las diversas tradiciones filosóficas y teológicas…,

---

[81] Cf. E. Fromm, ¿*Tener o Ser?*, Fondo de Cultura Económica, México D.F. 1978. En palabras suyas, "mientras todo el mundo desee tener más, se formarán clases, habrá guerra de clases, habrá una guerra internacional. La avaricia y la paz se excluyen mutuamente" (25).

para así extender los horizontes que presiden su reflexión. Claro está que semejante apertura puede desembocar en dispersión, pero la sabiduría dimana de la capacidad de discernir una luz permanente en medio de lo mutable, un "espíritu", un ideal, un modelo de vida. La sabiduría resiste la tentación de diluir el pensamiento en una maraña de datos y opiniones disonantes, y se esfuerza en desarrollar un criterio propio, pero susceptible de que lo compartamos con los demás.

Lo permanente estriba en la sabiduría misma, cuyo néctar nunca se consume en manifestación alguna, en filosofía alguna, en obra alguna, pues remite a lo último, a lo incondicionado, a lo que no puede "aprisionarse" mediante sensaciones o conceptos. Como escribe el autor del *Libro de la Sabiduría*, obra que algunos autores datan a finales del siglo I a.C., durante el período romano temprano[82]: "La sabiduría es más ágil que cualquier movimiento; a causa de su pureza, lo atraviesa y penetra todo" (Sab 7,24).

Algo similar sucede con la belleza: la hermosura no se "da", no comparece sin más, no se materializa en un objeto concreto, y por ello, en virtud de su carácter irrestrictamente evocador, de su ilimitada capacidad de sugerencia, caben juicios tan distintos sobre lo bello, por cuanto no se "clausura" sobre sí mismo. Análogamente, la sabiduría no se expresa en proposiciones, sino que se *vive*, se intuye, se "capta" como un fondo insondable que nunca se exterioriza por completo; nos otorga, por tanto, la posibilidad de profundizar indefinidamente en sus implicaciones.

La sabiduría, como fin en sí mismo, como meta y no instrumento para coronar una cúspide ulterior, incoa ya el amor, porque anhelar ser sabio comporta *entregarse*, brindarse a una luz pura, incondicionada, a algo que no responde ante un fin mayor: entraña *servir*. En esa entrega, en ese servicio, refulge también la luz de la belleza: lo her-

---

[82] J.J. Collins, *Jewish Wisdom in the Hellenistic Age*, Westminster John Knox Press, Louisville KY 1997, 179

moso es lo abnegado, lo desprendido, lo desasido de sí, lo que vence la fragilidad del individuo en la calidez irradiada por aquello que trasciende nuestra propia angostura, por aquello que nos abre a lo universal, a la humanidad, a la verdad; es lo que se contempla por sí mismo y no en virtud de un objetivo subsiguiente. En cuanto entrega, en cuanto vocación, la sabiduría es vida, porque me conmina a reflexionar sobre el conocimiento adquirido con la suficiente hondura como para percatarme de que su *sentido*, esto es, lo que significa "para mí" conocer tal o cual cosa, comprender tal o cual fenómeno, entender tal o cual juicio, radica en la vida, en la ética, en obrar el bien, en entregarme a los demás, en huir de todo ensimismamiento, en penetrar con agudeza y valentía en mi interior, para así palpar la urgente necesidad de abrirme al mundo y a la humanidad: "la teoría es gris; verde y dorado el árbol de la vida", declamó, con belleza y profundidad, Goethe. La introspección sapiencial conduce entonces al anhelo intenso de vida, de experiencia, de humanidad, y, más aún, al ansia de lo incondicionado.

6. Sabiduría, belleza y amor

Tres son las épocas de la historia occidental que condensan, a mi juicio, esa "vivencia" de la sabiduría, esa plasmación de lo sapiencial en el tiempo y en el espacio: la Atenas clásica, el Renacimiento italiano y el romanticismo alemán. En el apogeo de la cultura ateniense, cuando los rayos del Sol brillaron cegadoramente sobre las doctas almas de Sócrates, de Platón, de Pericles y de Aristóteles, la sabiduría se concebía como un fin en sí mismo. La meta de la filosofía residía en propiciar el autoconocimiento (el *gnothi seautón* inscrito en Delfos) para así *crecer* como *polis*, como comunidad, como miembros de un mismo espacio compartido, en cuyo seno desplegar las energías vitales. Ser sabio se orientaba hacia la concepción de una vida en común, de una existencia política, hacia la forja de un proyecto que vinculara a los seres humanos (bien sabemos que de manera sumamente limitada y excluyente) en el cultivo de los mismos bienes: el espíritu, la verdad, la rectitud. Para Platón, no es posible filosofar sin amar el saber: la más alta sabiduría entiba en las fuentes de la entrega sincera al saber como forma de vida, como participación de lo eterno, inmutable, permanente, de lo "realmente real". Tal y como recoge en su célebre diálogo *El Banquete*, en palabras reveladas por Diotima a Sócrates:

> "Es precisamente la sabiduría una de las cosas más bellas, y *Eros* es amor respecto de lo bello, de suerte que es forzoso que *Eros* sea amante de la sabiduría, y, como es amante de la sabiduría, se halla a medio camino entre sabio e ignorante. Y la causa de esto es también su nacimiento"[83].

En Aristóteles, la superioridad de la vida contemplativa sobre la activa no puede interpretarse como una evasión de la tarea ético-política, sino como fruto cosechado de la firme convicción de que la meta de la vida en común yace en la entrega a un fin puro (pues contemplar equivale a "darse" a lo que nos subyuga: es una forma de ofrecimiento), a un fin en sí mismo, a un bien que no requiera de ulterior justificación: a una sabiduría auténtica, a la *felicidad libre*. Como escribe Aristóteles, "hasta donde se extiende la contemplación se extiende también la felicidad, y los que tienen la facultad de contemplar más son también los más felices, no por accidente, sino en razón de la contemplación, pues ésta de por sí es preciosa. De modo que la felicidad consistirá en una contemplación"[84].

En el Renacimiento, la sabiduría se palpó como belleza. Encarnar la hermosura más sublime, como pretendieron Miguel Ángel o Leonardo da Vinci (aun conscientes

---

[83] *El Banquete*, 204b, Alianza, Madrid 2006.
[84] *Ética a Nicómaco*, libro X, cap. VIII (1178b), Centro de Estudios Constitucionales, Madrid 1994.

de la imposibilidad de emular la omnipotencia de Dios, de lograr la perfección a través de la imitación de la capacidad divina para crear "*ex nihilo*"), en realidad significaba descubrir, en el arte más eximio, la verdad de la vida, la vida más intensa y, por ende, la sabiduría. Si la sabiduría genuina exhorta a encauzar todos los medios disponibles, y en especial el conocimiento, para *crecer*, para vivir más y con mayor profundidad, en el Renacimiento, este anhelo de vida se reflejó en la contemplación de la belleza y en la creación artística. El fin de la vida convergía con la fragua de la belleza, con la creación, con el dulce ejercicio de una libertad volcada hacia el arte. Ornamentar las ciudades renacentistas con las obras más sobresalientes, "dignificarlas" con el esplendor diseminado por la más egregia hermosura estética, permitía compartir la belleza, traducirla en vida en común, en una sabiduría de la que todos pudieran convertirse en gratos partícipes. Saborear el mismo cáliz de la belleza, del arte, de la entrega a la creación, impulsaba a vivir humanamente, a esmerarse en la noble tarea de que las alturas divinas descendieran a la Tierra en forma de arte.

En el romanticismo, el amor se comprendió como la meta de la humanidad. La religión, para el joven Hegel, no es sino el amor[85], y los grandes pensadores del idealismo atribuyen al amor esa unidad primigenia que todo lo funda y todo lo unifica. El amor rubrica la verdad de la vida para el romanticismo; por ello, la sabiduría se degusta como amor. Bien es cierto que Hegel concluirá su *Fenomenología del Espíritu* con el saber absoluto, con el saber que se sabe a sí mismo, noción que exhibe claras resonancias del "pensamiento que se piensa a sí mismo" esbozado por Aristóteles, pero el saber absoluto hegeliano sólo se

---

[85] Cf. G.W.F. Hegel, "Tübinger Fragment", en H. Nohl (ed.), *Hegels theologische Jugendschriften*, J.C.B. Mohr, Tubinga 1907; cf. también M. C. Paredes, "G.W.F. Hegel: el 'Fragmento de Tubinga'", *Revista de Filosofía* 11 (1994), 139-176. Sobre la filosofía del joven Hegel, cf. R. Legros, *Le Jeune Hegel et la Naissance de la Pensée Romantique*, Ousia, Bruselas 1981.

entiende cabalmente como *"amor sui"*: el espíritu se ha autoenajenado porque se busca libremente, porque ansía conocerse y, más aún, "poseerse", "amarse". Se trata, indudablemente, de un amor egoísta del espíritu, circunscrito a sí mismo y a sus propios retazos, como se pone de relieve con la severidad tan agria que se deriva de la tesis central de la filosofía hegeliana de la historia: el sufrimiento, el reguero de dolor experimentado por la humanidad en el decurso de los siglos, ha sido necesario para que el espíritu se conozca plenamente. Y, con todo, el espíritu ha padecido también la amargura, "el dolor infinito", su "viernes santo especulativo", y lo ha hecho, en definitiva, por amor. También en Schelling Dios crea el mundo por amor, por abnegación, por desasimiento, y condesciende a que la alteridad que él mismo labra (en virtud de su omnipotencia, Dios permite que emerja un *alter deus*) se rebele contra él y "caiga" al mundo. Dios se "contrae", como en la mística judía del *tzim-tzum*, expuesta, entre otros, por Isaac Luria, de gran influencia en el pensamiento de Jacob Böhme, un notable precursor del idealismo alemán ya en el siglo XVII: Dios "cede su espacio vital" movido por puro amor, por puro desprendimiento, y propicia que despunte la "edad del mundo" (*Weltalter*)[86].

El idealismo es la filosofía del amor, de una pureza insondable e incondicionada. Palpa lo infinito y libre ya en lo finito. Su versión estética cristaliza en el romanticismo, en un Goethe que, peregrino en la eterna ciudad de Roma, lo que implora no es la ciencia de los antiguos o la reviviscencia de sus glorias ya fugadas, sino el "templo del amor":

> *Sigo contemplando la iglesia y el palacio, las ruinas y las columnas, como un hombre sensato aprovecha el viaje de la manera más fina. Pero todo acabará pronto; entonces habrá un solo templo, el templo del amor,*

---

[86] Cf. F.W.J. Schelling, *Werke* IV, Frommann-Holzboog, Stuttgart, 1976, 331. Sobre el significado de la idea de "contracción de Dios" en Schelling y su diferenciación con respecto a la dialéctica hegeliana, cf. J. Habermas, *Teoría y Praxis*, Altaya, Barcelona 1994, 189ss.

que reciba a los iniciados. Aunque eres un mundo, oh Roma, sin amor ni el mundo sería mundo, ni Roma sería Roma[87].

El propio romanticismo, sin embargo, fue consciente de que con su ocaso se cernía una especie de crepúsculo definitivo sobre toda posibilidad de que amaneciera una flamante edad dorada. El espíritu que vivificó Atenas, el Renacimiento italiano y el romanticismo, esa "fe" en un fin en sí, capaz de orientar la vida individual y colectiva, se desvanecería inexorablemente, como fruto marchito del más hermoso de los árboles que brotó sobre la faz de la Tierra. De hecho, resulta difícil pensar que haya alboreado de nuevo una época agraciada con tanta fecundidad creativa como las que acabo de mencionar. Metas como la sabiduría, la belleza y el amor ya no se han contemplado con tanta pureza, porque ha cundido la sospecha de que constituyen en realidad ilusiones vacuas, fantasías consoladoras, "imposibles metafísicos", enredados en esa sutil tela de intereses concatenados que todo lo entrelaza oscuramente. Sólo prima la voluntad de poder, el anhelo irredento de dominio, de autoafirmación. No se vislumbra nada límpido, nada auténtico, ningún fin en sí más allá de esa vida poderosa que se sirva a sí misma. La imbatible marcha del proceso de "racionalización", de "desencantamiento del mundo", de desmitologización de todas las esferas la existencia, parece subsumirnos irrevocablemente en la frialdad de lo "positivo", de lo objetivo, de un intelecto que ya no puede aspirar a trascender "lo dado", si no es en el oasis efímero del arte y de la imaginación.

De la nostalgia ante el atardecer de lo romántico se hace eco, con gran profundidad, Max Weber en su célebre estudio sobre el influjo del *ethos* protestante en la génesis del capitalismo (tan determinante, como demostrara este sociólogo alemán, en la consolidación de la tendencia racionalizadora en el seno de la cultura occidental): "A decir

---

[87] J.W. von Goethe, *Elegías Romanas*, primera elegía, Breve Fondo Editorial, México D.F. 1994.

verdad, la idea de que el trabajo profesional moderno posee carácter ascético no es nueva. Es lo mismo que quiso enseñarnos Goethe desde las cimas de su profundo conocimiento de la vida, en los '*Wanderjahren*' y en la conclusión del Fausto, a saber: que la limitación al trabajo profesional, con la consiguiente renuncia a la universalidad fáustica de lo humano, es una condición del obrar valioso en el mundo actual, y que, por tanto, la 'acción' y la 'renuncia' se condicionan recíprocamente de modo inexorable; y esto no es otra cosa que el motivo radicalmente ascético del estilo de vida del burgués (supuesto que, efectivamente, constituya un estilo y no la negación de todo estilo de vida). Con esto expresaba Goethe su despedida [*Abschied*], su renuncia a un período de la humanidad integral y bella [*vollen und schönen Menschentums*] que ya no volverá a darse en la historia, del mismo modo que no ha vuelto a darse otra época de florecimiento ateniense clásico. El puritano quiso ser un hombre profesional: nosotros tenemos que serlo también; pues desde el momento en que el ascetismo abandonó las celdas monásticas para instalarse en la vida profesional y dominar la moralidad mundana, contribuyó en lo que pudo a construir el grandioso cosmos del orden económico moderno que, vinculado a las condiciones técnicas y económicas de la producción mecánico-maquinista, determina hoy con fuerza irresistible el estilo de vida de cuantos individuos nacen en él (no sólo de los que en él participan activamente), y de seguro lo seguirá determinando durante muchísimo tiempo más"[88].

Esta imposibilidad de revivir el "idealismo" de edades pasadas vendría ratificada por la visión científica del mundo, para muchos desalentadora, pues revela que constituimos un producto tardío de una línea evolutiva, y moramos en una minúscula región de un vasto universo de casi catorce mil millones de años. En ese inmenso cosmos impera el silencio, el más estruendoso y sobrecogedor

---

[88] M. Weber, *La Ética Protestante y el Espíritu del Capitalismo*, Península, Barcelona 2008, 147-148.

de los mutismos: *"le silence éternel de ces espaces infinis m'effraie"*[89], escribió Pascal en la aurora de una revolución científica que nos despojó definitivamente de todo viso de "centralidad". En cualquier caso, el propio Pascal reconoció que nosotros ostentamos el mayor grado de complejidad, evidencia que, para no pocos, bosqueja una "recentralización": *"l'homme n'est qu'un roseau, le plus faible de la nature; mais c'est un roseau pensant"*[90]. Las conclusiones de la ciencia, analizadas sin ningún atisbo de veleidad poética o teológica, parecen gélidas e incluso estremecedoras. Bertrand Russell las sintetiza así:

> "Que el hombre es el producto de causas que no previeron en modo alguno el fin que iban a alcanzar; que su origen, su crecimiento, sus esperanzas y sus temores, sus amores y sus creencias no son sino el resultado de colocaciones accidentales de átomos; que ningún ardor, ningún heroísmo, ninguna intensidad en el pensar y en el sentir puede preservar la vida individual más allá de la sepultura, que todos los trabajos de las distintas épocas, toda la devoción, toda la inspiración, toda la brillantez del mediodía del genio humano están destinadas a la extinción en la vasta muerte del sistema solar, y que todo el templo de los logros de la humanidad debe ser, inevitablemente, enterrado bajo el polvo de un universo en ruinas –todo esto permanece, si no fuera de disputa, al menos tan próximo a la certeza que ninguna filosofía que lo rechace puede aspirar a mantenerse"[91].

Pero no nos engañemos: el desconcierto, la perplejidad ante el áspero horizonte que la ciencia nos dibuja, no es exclusivo de espíritus apegados en exceso a la utopía religiosa o filosófica. Un científico de la talla de Charles Darwin, quien contribuyó como pocos a transformar nuestra comprensión de nosotros mismos, y cuyo traba-

---

[89] B. Pascal, *Pensées*, Classiques Garniers, París 2010, 1669.
[90] *Op. cit.*, 1670.
[91] B. Russell, "A Free Man's Worship", 1903 – en L.E. Dennon – R.E. Egner (eds.), *The Basic Writings of Bertrand Russell*, Allen and Unwin, Londres 1961, 67.

jo, a juicio de Sigmund Freud, habría propiciado una de las tres mayores curas de humildad experimentadas por el hombre en su historia reciente[92], se confesaba, en su *Autobiografía*, con estas palabras: "para quien crea, como yo, que el ser humano será en un futuro distante una criatura más perfecta de lo que lo es en la actualidad, resulta una idea insoportable que él y todos los seres sensibles estén condenados a una aniquilación total tras un progreso tan lento y prolongado. La destrucción de nuestro mundo no será tan temible para quienes admiten plenamente la inmortalidad del alma"[93].

Y, sin embargo, la ciencia no inspira sólo desazón, una profunda tristeza ante nuestra pequeñez en esta enormidad de espacios siderales: también nos incita a fascinarnos con la extraordinaria complejidad del cosmos, con esa armonía de sus leyes que tanto intrigara a Einstein, y a agradecer el don de la vida. Quien se aventura a comprender el universo palpa también un *poder creador*, una fuerza de la que todo dimana y en la que todo desemboca, y se siente exhortado a ejercer al máximo su propio poder, su propio aliento creador, su *libertad*.

El rechazo a la muerte no brota exclusivamente del miedo, de un temor no sanado ante una desaparición ineluctable, ante la caducidad de todo esfuerzo y la fugacidad de toda alegría; de una vivencia, en definitiva, "inauténtica", en el sentido heideggeriano, cuyo desasosiego pretenda ocultar nuestra intrínseca finitud y nuestro inexorable abocamiento a la muerte mediante tiernos bálsamos ficticios. Germina también de la convicción de que el esfuerzo humano por crear, por embellecer el mundo, por descubrir, por pensar, por amar, por impulsar la historia, *merece* una recompensa. Esta conciencia del "merecimiento" alimenta, en gran medida, el espíritu de las religiones. La lucha humana, su afán colosal por crear, por

---

[92] Cf. S. Freud, "La fijación al trauma, lo inconsciente", en *Lecciones Introductorias al Psicoanálisis*, lección XVIII, en *Obras Completas*, Biblioteca Nueva, Madrid 1981, vol. II.
[93] Ch. Darwin, *Autobiografía*, Laetoli, Pamplona 2008, 82.

alumbrar ideas, por legar amor, belleza y sabiduría, inspira la certeza de que nuestra perseverancia no puede haberse desplegado en vano. Para algunos, bastará con circunscribir ese premio al gozo presente, a la propia vivencia finita, al deleite esparcido por haber creado y haber descubierto, por haber amado y haber soñado, pero, para otros muchos, la humanidad está llamada a un destino aún más elevado. Consagrar nuestras vidas a la búsqueda del amor, de la belleza y de la sabiduría trasluce una fe en un fin en sí mismo que no se subordina a un objetivo ulterior; rubrica una voluntad de entrega, de servicio, de perpetuidad.

En cualquier caso, no debe avasallarnos la melancolía ante la contemplación de las glorias pretéritas; la añoranza de etapas "idealistas", ya perdidas en la noche de los tiempos, como si fuera preferible no haber sido partícipes de los avances de la ciencia, de esa progresiva "racionalización" que impregna todas las esferas de la vida, para así atisbar, también hoy, una luz trascendente en el mundo y en la historia. Dirigir la vista a la serena magnificencia que preside las Cariátides, a la intensidad tan cautivadora de los frescos de la Capilla Sixtina o al sentimiento desaforado que exhalan los versos de Goethe no ha de infundir nostalgia, sino que debe inducirnos a profundizar en la vida humana, en la comprensión de la historia y, sobre todo, en el examen de nuestras posibilidades de cara al futuro. No le faltaba razón a Hegel cuando sostenía que, en la historia, "se camina por las ruinas de lo egregio"[94]. La historia ha de proseguir, ha de alzarse un futuro, una oportunidad rejuvenecedora para no cesar de enarbolar la noble bandera de la búsqueda de conocimiento, del anhelo sapiencial, de modo que las generaciones venideras tengan algo que decir, puedan "vivir" plenamente su propia existencia y disponer de sus capacidades. Hemos de ofrecernos a algo digno de nuestro tesón.

---

[94] *Lecciones sobre Filosofía de la Historia Universal*, Alianza, Madrid 1997, 47.

Lo importante es orientar el futuro y aprender a contemplar el pasado con hondura, pero el ineluctable tránsito del tiempo, el languidecer de edades majestuosas, no ha de apenarnos. Es responsabilidad humana, eso sí, preservar devotamente el legado que hemos recibido, y reconquistar, como pedía Goethe, lo que nos ha sido dado. Dilthey concebía ese "cuidado" piadoso del pasado como la clave de la vocación humana[95]. En nuestra época, una tarea irrenunciable para las grandes religiones reside, justamente, en vincularnos con un pasado que, para muchas de ellas, posee una centralidad incuestionable, y cuya evocación puede ayudarnos a todos a "custodiar" el legado histórico que nos une como humanidad. Las grandes religiones también han de contribuir a crear un espacio donde sea posible reflexionar sobre las cuestiones últimas, donde quepa presagiar una luz pura, un don límpido detrás de la madeja de intereses, de voluntades insaciables de poder y de ansias de avasallamiento que oscurecen todo vislumbre de sabiduría, de amor, de belleza.

7. La sabiduría y lo incondicionado

Sabiduría, belleza y amor convergen en lo incondicionado: son fines en sí mismos, un triunvirato de pureza, de limpidez, de entrega. Nos invitan a buscarlas denodadamente, a *entusiasmarnos*, a *fascinarnos* y a consagrar la vida, el cáliz de nuestra energía, a recorrer sus hermosas sendas. Lo puro e incondicionado no se agota nunca, no se objetiva, no se realiza en "estructura alguna", pues, de hacerlo, se vería privado de su libertad. La sabiduría, por tanto, no se plasma en una proposición definitiva, en un juicio apodíctico, en una verdad irrefutable, sino que radica en emprender una búsqueda libre, en vivir humanamente y en aspirar a crecer y a compartir:

---

[95] J.-F. Suter, *Philosophie et Histoire chez Wilhelm Dilthey. Essai sur le Problème de l'Historicisme*, Verlag für Recht und Gesellschaft AG, Basilea 1960, 85-186.

"*contemplata aliis tradere*", reza un lema de los dominicos. La sabiduría trasciende, así, la rígida esfera del conocimiento, porque lo convierte en vida, y lo tonifica con su hálito creador. La sabiduría no persigue sin más el conocimiento, la explicación en términos de causas y de efectos de esa miscelánea de fenómenos que comparece en el mundo, sino un *sentido*, un *significado*, una traducción existencial de lo que se conoce, de tal manera que nos ayude a vivir humanamente. La sabiduría consiste entonces en extraer las consecuencias vitales del conocimiento, en "comprender lo conocido" para que me transfigure existencialmente, e imprima en mi alma su huella, sin que se limite a penetrar en los intersticios de mi ser como un craso "contenido de información", como un mero objeto. En la sabiduría, el conocimiento se transforma en subjetividad, en existencia.

La sabiduría no viene dada: se conquista. Responde a un proceso de crecimiento personal, porque la sabiduría no existe en abstracto, sino en aquellas personas sabias que se afanan en cultivarla con prudencia y desvelo. Ansiar la sabiduría comporta también palpar, con tristeza, su ausencia en tantas ocasiones, la orfandad de sabiduría que impera en el mundo, el desapego de tantas personas hacia su búsqueda, la obnubilación por los medios y la falta de una reflexión profunda sobre los fines… Sin embargo, esta constatación nos insta a buscar el bálsamo de lo sapiencial, a no conformarnos, a no resignarnos a verificar que no siempre despunta el fulgor de la sabiduría, sino a procurar encender su vibrante fuego.

Un pórtico privilegiado para internarnos en la morada de la sabiduría nos lo brinda la fascinación. En nuestro mundo abunda tanto el conocimiento, superabunda tanto la información, que muchas veces se desvanece de nuestro espacio vital el entusiasmo, el embelesamiento. No apreciamos el valor de lo conocido, el colosal esfuerzo que supuso, para nuestros antepasados, descubrir lo que ahora es ya parte del acervo de la cultura universal, o crear obras maestras que enaltecen las artes y ensalzan la filosofía. Si la sabiduría es vida, si ser sabio entraña un esmero en traducir lo conocido en vida, en una existencia dispuesta permanentemente a crecer, a mejorar, a servir, ha de incentivar también el entusiasmo ante la riqueza del conocer, ante la complejidad del universo, ante la diversidad de las artes y de las culturas… De este sentimiento se hacía eco el gran neurofisiólogo británico Sir Charles Sherrington, premio Nobel de medicina o fisiología en 1932, en sus *Gifford Lectures*: "El asombro [*wonder*] permanece ahí (…). La naturaleza no se hace menos asombrosa porque su regla de funcionamiento empiece a resultar inteligible. Si se trata de una cuestión de asombro, más bien se hace aún más asombrosa"[96].

En términos similares se había expresado Albert Einstein en un famoso artículo, una auténtica joya filosófica legada por una de esas mentes que han expandido con valentía los horizontes de la imaginación humana:

> "Hay un tercer estado de experiencia religiosa común a todas ellas, aunque raras veces se halle en una forma pura: lo llamaré sentimiento religioso cósmico. Es muy difícil explicar este sentimiento al que carezca por completo de él, sobre todo cuando de él no surge una concepción antropomórfica de Dios. El individuo siente la inutilidad de los deseos y los objetivos humanos y el orden sublime y maravilloso que revela la naturaleza y el mundo de las ideas. La existencia individual le parece una especie de cárcel y desea experimentar el universo como un todo único y significativo (…). Los genios religiosos de todas las épocas se han distinguido por este sentimiento religioso especial, que no conoce dogmas ni un Dios concebido a imagen del hombre; no puede haber, en consecuencia, iglesia cuyas doctrinas básicas se apoyen en él. Por tanto, es precisamente entre los herejes de todas las épocas donde encontramos hombres imbuidos de este tipo superior de sentimiento religioso, hombres considerados en muchos casos ateos por sus contemporáneos, y a veces considerados también santos. Si enfocamos de este modo a hombres como Demócrito, Francisco de Asís y Spinoza, veremos que existen entre

---

[96] *Man on his Nature*, Cambridge University Press, Cambridge 1940, cap. 4.

ellos profundas relaciones. ¿Cómo puede comunicar y transmitir una persona a otra este sentimiento religioso cósmico, si éste no puede engendrar ninguna noción definida de un Dios y de una teología? Según mi opinión, la función más importante del arte y de la ciencia es la de despertar este sentimiento y mantenerlo vivo en quienes son receptivos a él. (...).Yo sostengo que el sentimiento religioso cósmico es el motivo más fuerte y más noble de la investigación científica. Sólo quienes entienden los inmensos esfuerzos y, sobre todo, esa devoción sin la cual sería imposible el trabajo innovador en la ciencia teórica, son capaces de captar la fuerza de la única emoción de la que puede surgir tal empresa, siendo como es algo alejado de las realidades inmediatas de la vida. ¡Qué profundos debieron ser la fe en la racionalidad del universo y el anhelo de comprender, débil reflejo de la razón que se revela en este mundo, que hicieron consagrar a un Kepler y a un Newton a años de trabajo solitario a desentrañar los principios de la mecánica celeste!"[97]

Sólo cuando un hombre ha dedicado tantas energías a descifrar el sutil lenguaje del universo puede decir algo tan profundo...

El asombro, la fascinación ante una maravilla que nos desborda, no excluye complementar la "perplejidad" con la crítica, con el juicio ponderado y maduro: más bien lo exige. Sin embargo, nos exhorta primordialmente a entregarnos en alma y cuerpo a una admiración que nos convoca a dedicar la vida al conocimiento, así como a convertir ese conocimiento en vida.

8. SABIDURÍA, PROVISIONALIDAD Y HUMILDAD

La sabiduría estriba también en la adquisición de una conciencia de la provisionalidad inherente a todo conocimiento. Los enunciados científicos, como ha puesto de

---

[97] Artículo aparecido en *New York Times Magazine* el 9 de noviembre de 1930, y en el *Berliner Tageblatt* el 11 de noviembre de 1930. Incluido en el libro *Mis Ideas y Opiniones*, Barcelona, Bon Ton 2000.

relieve la filosofía de la ciencia durante el siglo XX (en especial, desde Popper), adolecen de una inevitable provisionalidad. Un único experimento contrario a una hipótesis obliga a corregir sus postulados. Tomar conciencia de la provisionalidad invita a "degustar lo finito", a advertir los límites inherentes a un entendimiento finito como el nuestro, pero ofrece también un fértil estímulo para afanarse en comprender más, en inquirir más, en vivir más.

La ciencia no puede agotar la verdad sobre el mundo, porque todo nuevo conocimiento suscita una pléyade de interrogantes. De hecho, quedará siempre un "resto pendiente", inasequible para el método científico: la cuestión referida al origen último, al sentido de todo. La alusión a esta incapacidad de la ciencia no responde a una estrategia de conservación de una atalaya filosófica inexpugnable, cuyas murallas inmunicen a los nostálgicos del idealismo frente a las despiadadas embestidas de la razón científico-técnica, sino que obedece a la evidencia misma de nuestra incesante capacidad de sondear el reino de lo real y el imperio de lo imaginario. La filosofía, sin embargo, no puede erigirse en competidora de la ciencia, sino que ha de aspirar a *crear*, a amar la sabiduría: no tanto a interpretar los datos que la ciencia le suministra como a fomentar un amplio espacio de reflexión, donde el conocimiento se oriente a esclarecer cómo hemos de enfocar la vida humana de cara al futuro.

En la filosofía, la humanidad ejerce su libertad, porque persigue la sabiduría como fin en sí mismo, como meta incondicionada. Se nutre, claro está, de las enseñanzas proporcionadas por disciplinas como las ciencias naturales, la historia, la sociología y la psicología, pero osa reflexionar sobre el sentido de cuanto la rodea, sobre lo que todo ello significa "para mí", para cada uno de nosotros. La filosofía frisa, de alguna manera, con el arte, pues apela a la creación libre y humanizadora.

La verdadera sabiduría exhorta a la humildad, porque emana de la conciencia firme de que el conocimiento es inagotable: siempre podemos aprender más y entender con mayor profundidad. Todo saber representa una exigua alícuota hundida en un mar de posibilidades, y todo logro humano palidece ante la magnificencia de una naturaleza que ha suscitado tantas y tan sofisticadas formas, y ha conducido, en última instancia, al surgimiento de la conciencia: "¿qué soy yo comparado con el universo?", se preguntaba Beethoven. Todo sabio ha de venerar a las almas nobles que consagraron sus vidas al cultivo de la ciencia y del arte en el pasado, y debe rebosar de humildad, pues ha de admitir, como Newton, que si ha visto más lejos, es por haberse subido a hombros de gigante.

El "sólo sé que no sé nada" socrático no constituye una sentencia hipócrita y pretenciosa, ufana de reflejar humildad de espíritu, cuando manifestaría, en realidad, una profunda y engañosa soberbia (al creer que esa proposición resume toda la sabiduría). Muy al contrario, expresa la insatisfacción tan honda que siempre ha de sentir el sabio, al palpar la vastedad de su desconocimiento, el océano de interrogantes aún abiertos, la infinitud potencial que se alza ante él. Al reconocer esa flagrante carencia, esa finitud inherente a su entendimiento, se muestra como un ser genuinamente humano, y se solidariza con la búsqueda humana de conocimiento.

Lo finito, enfrentado a lo infinito, se nos antoja nihilidad, vacío. De nada servirá entonces suspirar por entender, por descubrir la verdad, por elucidar la estructura y el funcionamiento del cosmos, por crear belleza, por pensar con la mayor agudeza posible, si nos percatamos de que todo esfuerzo desembocará en un hito inexorablemente limitado, provisional, perecedero... Saber algo, ante una infinitud potencial de conocimiento, parece equivaler a no saber nada. Ante un camino virtualmente infinito, el vigor de cada paso, por entusiasta, flaquea, y sucumbe al vislumbre de la impotencia. Sin embargo, la clave de la sabiduría no reside en la mera constatación de la infinitud potencial del saber, sino en *entender* que el hecho mismo de haber emprendido esa búsqueda entraña ya sabiduría en grado sumo, incoa ya "infinitud", acrisola ya "sentido", nos imbuye ya de entrega: encarna ya vivir humanamente, por lo que se trata de profundizar en la vida... Quien haya sido obsequiado con el don de la fe quizás se vea exhortado a descubrir, aun en la finitud, un sentido permanente, una eternidad, una vida incesante que florecerá sin término. Pero, en un caso u otro, lo importante es vivir en libertad y en entrega, para anhelar el amor, la belleza y la sabiduría.

APÉNDICE II
DEL CONOCIMIENTO
A LA PAZ[98]

1. Conocimiento y paz

La historia de la humanidad pone de manifiesto que no existe una relación directa entre conocimiento y paz. No siempre los que más han conocido, y aquéllos cuyas mentes han sido capaces de elevarse por encima de lo inmediato para inaugurar horizontes que expandiesen el intelecto humano, han sido también quienes más han contribuido a edificar una cultura ennoblecida por la paz.

Numerosos miembros del claustro de la Universidad de Viena se afiliaron al partido nazi; también los premios Nobel de física alemanes Philipp Lenard y Johannes Stark, entusiastas defensores de la denominada *Deutsche Physik*, "física alemana", ejemplo palmario de la intromisión del racismo ideológico en la labor científica. Hitler fue aplaudido al anexionarse Austria en 1938, durante el célebre *Anschluss*, por cientos de miles de vieneses, por cientos de miles de habitantes de una de las capitales mundiales de la música, la literatura y el pensamiento. La ciudad hermosa y señorial que escenificaba de continuo las óperas de

---

[98] Este texto constituye una versión extendida de una conferencia pronunciada en Barcelona en enero de 2009.

Mozart y se deleitaba cuasi místicamente con las sonatas de Beethoven cayó presa del embrujo de Adolf Hitler, y se intoxicó de ese odio contagioso e indiscriminado vertido hacia tantas personas. ¿Cómo ha sido posible? Nunca debe expatriarse esta evidencia de la memoria colectiva de la humanidad: *corruptio optimi pessima*, "la corrupción del mejor es la peor", proclamaban los clásicos, y nuestra convulsa y reciente historia muestra que, en no pocas ocasiones, los mejores han fallado estrepitosamente. Creo que se trata de la contradicción fundamental del ser humano: con el primor de su razón construye las ciencias y el universo de la ética, pero con la fuerza de su egoísmo destruye a sus hermanos.

Sin embargo, la humanidad parece albergar la esperanza de que eventualmente llegue a producirse una relación directa entre conocimiento y paz. Así, muchas veces decimos que tal o cual pueblo es más violento que otro porque sus gentes carecen de educación, o porque se hallan regidas por líderes fanáticos que nublan el uso del entendimiento, y someten toda acción humana al juicio del poder y no al tribunal de la razón. También nos percatamos de que, conforme han aumentado los índices educativos de nuestros países y, paulatinamente, más y más personas han disfrutado de acceso a la educación superior, a la información, al cultivo de la lectura y al libre intercambio de ideas y opiniones, la conciencia de la solidaridad, el respeto mutuo, la sensibilidad hacia los problemas ajenos, la preocupación por el futuro del planeta, la atención hacia los colectivos tradicionalmente discriminados, la valoración de la importancia del diálogo, etc., no han hecho sino progresar. Dramas estremecedores inundan la historia, pero resulta inevitable percibir, como quería Hegel, un cierto incremento en nuestra conciencia de la libertad con el transcurrir de los siglos. A la larga, y pese a tanto infortunio, pese a tanto mal, pese a tanta iniquidad, parece que hemos adquirido un discernimiento más profundo de nuestra autonomía, de nuestras virtualidades, de nuestra inalienable dignidad. Qué triste, en cualquier caso, que sólo cuando comprobamos el devastador alcance de nuestro potencial de exterminio aprendamos a convencernos, aun frágilmente, de la necesidad de alumbrar una ética universal, cuyos principios nos comprometan a todos con el crecimiento moral del género humano.

La pregunta, por tanto, no se refiere a si existe de hecho una relación directa entre conocimiento y paz, ausente en tantos y tan umbríos episodios de la historia, sino que atañe a la posibilidad de establecer, teórica y prácticamente, una conexión entre conocimiento y paz. Pero, para acometer esta empresa, hemos de lograr primero un cierto consenso en la definición de los términos.

¿Qué es el conocimiento? No pretendo resumir aquí miles de años de historia de la filosofía, con visiones tan distintas (y muchas veces antitéticas) sobre la naturaleza del conocimiento. Se trata de encontrar una aproximación que nos permita apreciar los elementos básicos que intervienen en ese proceso que, intuitivamente, entendemos por conocimiento. A la tentativa de categorizar la realidad han dedicado esfuerzos profundos algunas de las mentes más luminosas de la humanidad, como Aristóteles, cima de la lógica clásica, el teólogo y misionero mallorquín Ramón Llull en su *Ars Magna*, el jesuita y polígrafo alemán del siglo XVII Athanasius Kircher o el genial filósofo y matemático alemán Gottfried Wilhelm Leibniz, cuyo sueño de identificar una *characteristica universalis*, apta para incluir los conceptos fundamentales de la razón y, a partir de ellos, edificar juicios más complejos (a modo de una composición matemática), le persiguió toda su vida, como una sombra fantasmagórica en acecho permanente. Se le considera, casi unánimemente, uno de los precursores más insignes de la lógica formal contemporánea, inventor de un código binario y explorador incansable de las fronteras del pensamiento humano.

La historia intelectual del siglo XX se ha visto dominada, en gran medida, por un interés casi inagotable por el lenguaje. Este "giro lingüístico" de la filosofía se ha impuesto tanto en el mundo anglosajón como en el ámbito continental europeo (en este último a través del predominio de la hermenéutica, una de cuyas fuentes de inspiración reside en el énfasis del segundo Heidegger en el lenguaje). Si se asume esta perspectiva, el conocimiento puede contemplarse como un escenario lingüístico de carácter narrativo, como una épica protagonizada por diversos agentes, o, por emplear la terminología difundida por el semiólogo franco-lituano Algirdas Julián Greimas (1917-1992), "actantes". Greimas, en su teoría semiótica, distingue seis tipos capitales de actantes en todo discurso narrativo: sujeto, objeto, remitente, destinatario, ayudante y opositor[99]. SORDAO es el acrónimo mnemotécnico en castellano.

¿Cuáles son los actantes en la trama del conocimiento?

Sujeto: todo ser humano capaz de conocer, especialmente aquéllos que generan saber, como los científicos y los humanistas.

Objeto: lo real y lo posible.

Remitente: la historia de la búsqueda humana de conocimiento. Desde los albores de nuestra racionalidad hemos mirado a lo alto y hemos divisado las estrellas, y nos hemos preguntado, como Bertrand Russell[100], por qué brillan con esa iridiscencia tan hermosa. La ciencia nos ha brindado la respuesta...

Destinatario: la humanidad, la entera sociedad humana. El conocimiento no se dirige sólo a los sabios, sino que está destinado a todo hombre y a toda mujer, a todo aquél que precisa, por naturaleza, de conocer para vivir.

Ayudante: las condiciones históricas, sociales, culturales y personales que favorecen la participación activa en la épica del conocimiento. Basta con reparar en el profundo impacto que representó, para el helenismo, la fundación de la Biblioteca de Alejandría por el rey Ptolomeo I de Egipto, de la dinastía de los lágidas. La Biblioteca se con-

---

[99] Cf. A. J. Greimas, *Sémantique Structurale, Recherche de Méthode*, Larousse, París 1966. Cf. también la compilación de escritos de Greimas, traducidos al inglés, *On Meaning: Selected Writings in Semiotic Theory*, F. Pinter, Londres 1987.

[100] Cf. *Autobiografía*, prefacio, Edhasa, Barcelona 2010.

virtió en el centro neurálgico del saber de la Antigüedad, y contribuyó a que se alumbrase una *paideia* helenística, un ideal de cultura y de educación clásica que incorporaba las obras fundamentales de la poesía, de la filosofía y de la ciencia. Las repercusiones de esta biblioteca se dejaron sentir en civilizaciones no helenas, pero en contacto directo con el mundo griego, como la judía. La *Carta de Aristeas*, repleta de indudables detalles legendarios, supone un intento de legitimación de la traducción griega de la Biblia hebrea, conocida como Septuaginta o versión de los LXX, cuya existencia era una necesidad no sólo para los judíos de habla griega de la Diáspora, poco familiarizados ya con los entresijos de la lengua de sus padres, sino para que el judaísmo como tal adoptara, aun idiosincrásicamente, los cánones de la cultura grecorromana. Esta "inmersión" en las aguas del helenismo facilitaba su interacción intelectual y religiosa con el orbe clásico. El ofrecimiento de su libro más venerado, la Torá, a la lista de los escritos más relevantes que la humanidad había producido hasta el momento, de manera que la colección de sus textos sagrados hallara espacio en la Biblioteca de Alejandría, constituía un cauce privilegiado para lograr este objetivo[101].

Opositor: ¿cuál es el antagonista por excelencia del conocimiento? *Prima facie*, su contrario radica en la ignorancia, pero lo que verdaderamente desdice del conocimiento

---

[101] Sobre el impacto del helenismo en la autoconciencia del judaísmo del II Templo, cf J.J. Collins – G.E. Sterling (eds.), *Hellenism in the Land of Israel*, University of Notre Dame, Notre Dame IN 2001, J.J. Collins, *Jewish Wisdom in the Hellenistic Age*, Westminster John Knox Press, Louisville KY 1997. Aunque escrito hace más de cuatro décadas, el trabajo de Martin Hengel, *Judentum und Hellenismus; Studien zu ihrer Begegnung unter besonderer Berücksichtigung Palästinas bis zur Mitte des 2. Jh. v. Ch.* (JCB Mohr, Tubinga 1969), que es ya un clásico, presenta consideraciones de gran relevancia para abordar la relación entre judaísmo y helenismo en la época del II Templo. En lo que concierne al influjo del helenismo en la formación del canon de la Biblia hebrea, cf. D.M. Carr, *The Formation of the Hebrew Bible: A New Reconstruction*, Oxford University Press, Oxford 2011; C.A. Evans – E. Tov (eds.), *Exploring the Origins of the Bible: Canon Formation in Historical, Literary, and Theological Perspective*, Baker Academy, Grand Rapids MI 2008.

en cuanto tarea estriba en el fanatismo, en el dogmatismo, en los prejuicios y en la intolerancia: en definitiva, en la ausencia de una mente y de un espíritu guiados por el ansia de apertura; en la falta de humildad de quien se aventura por las vastas sendas del saber, así como en la insuficiente valoración social de las empresas intelectuales. El conocimiento se ve atacado por la cerrazón, por la negativa deliberada a aprender de todos y desde todos, motivada por la soberbia, la ideología, la cultura o la religión. Se opone al conocimiento quien no se entrega a una búsqueda incesante, a un planteamiento continuo de preguntas (que son, en feliz frase de Heidegger, "la piedad del pensamiento"[102]) capaz de rejuvenecer su espíritu.

¿Y la paz? Repitamos el esquema de Greimas, tan didáctico e intuitivo:

Sujeto: las personas y las sociedades.

Objeto: lo individual y lo colectivo, la paz de cada uno consigo mismo y la de las sociedades entre sí.

Remitente: la historia de la búsqueda humana de paz y la de su inocultable desencuentro; la entera historia de la humanidad, al fin y al cabo.

Destinatario: la humanidad entera.

Ayudante: las condiciones que promueven la paz, especialmente el espíritu de tolerancia y de diálogo, el conocimiento mutuo entre los seres humanos y las culturas, la educación, la memoria de los pueblos y la esperanza de construir un futuro más fraterno.

Opositor: el ensimismamiento insolidario, el odio y la ignorancia. Coincidimos con Kant al considerar el egoísmo como el mal radical del individuo, y odio e ignorancia responden muchas veces a un sentimiento de patente insolidaridad: egoísmo en el trato con los demás, en la reticencia áspera y renuente a verlos como semejantes, como hermanos y no como enemigos, relegados ahora a la agónica esfera de la mera alteridad. De hecho, la ignorancia volun-

---

[102] Cf. M. Heidegger, "Die Frage nach der Technik", en *Vorträge und Aufsätze*, G. Neske, Pfullingen 1978.

taria suele dimanar del egoísmo, de esa impugnación renitente de otras perspectivas que clausura, a veces de modo sobrecogedor, la capacidad de apertura que nuestra mente posee de forma espontánea, pero que nosotros mismos apagamos cuando preferimos no mirar más allá de nuestros angostos horizontes vitales.

Podemos percatarnos de que tanto el conocimiento como la paz comparten un sujeto (la humanidad), un remitente (la historia), un destinatario (todos los hombres y mujeres) y, en cierto modo, un ayudante (el fomento del espíritu de cuestionamiento crítico, de diálogo y de cooperación) y un opositor (la intolerancia en sus múltiples manifestaciones). Aunque el objeto respectivo se nos antoje, al menos en primera instancia, esencialmente disímil, cabe pensar que existe una profunda convergencia entre el anhelo de conocimiento y el ansia de paz. El conocimiento aspira a entender, esto es, a sistematizar la información disponible sobre los mundos natural y humano para captar un significado, cuyo núcleo nos permita vincular lo distinto sobre la base de unos parámetros unitarios. La paz se nutre también de la pretensión de reconciliar las partes en un todo potencial. La paz con uno mismo exige armonizar ese séquito de deseos, ideas y sentimientos tan dispares (y, con frecuencia, divergentes e incluso contradictorios) que conviven en nuestro interior, de manera que su complejidad no nos prive de un cierto grado de cohesión y autodominio. Análogamente, el afán de paz que albergan muchos miembros de la familia humana resulta inseparable de la búsqueda de un espacio de unión mutua, en cuyo seno, más allá de las diferencias, se revele posible la concordia.

2. Por los caminos del conocimiento discurre la senda de la paz

No resulta exagerado afirmar que uno de los sueños más bellos que ha atesorado la humanidad, en esa habilidad prácticamente infinita de imaginación que la ha flanqueado durante milenios, es el del progreso indefinido. La Ilustración, sumida en un arrebato de júbilo primaveral y vívidamente maravillada por los logros que había protagonizado la razón (mediante la ciencia, la técnica y la crítica), llegó a creer que la liberación propiciada por el conocimiento y por el desarrollo socioeconómico asociado nos salvaguardaría de las ataduras dogmáticas, así como de los enfrentamientos estériles alimentados por la sinrazón y la ignorancia. El estado de mejora continua y persistente nos capacitaría para transformar la realidad en beneficio de todos y nos proporcionaría la felicidad. El ser humano no debería temer nada ni a nadie, sino confiar únicamente en el poder de su intelecto, su arma imbatible. Tristemente, la historia posterior al siglo de las Luces demuestra que las promesas de la Ilustración no se han cumplido. Sea o no un "proyecto inacabado" (Habermas), sus optimistas augurios no se han materializado. El conocimiento, la ciencia y la técnica ocultan, aun furtiva y solapadamente, un inmenso potencial destructor y avasallador que no siempre favorece la humanización del mundo y de la historia, sino que con frecuencia la impide.

Humanización: he aquí la cuestión. Inicialmente, el cosmos se nos presenta como una realidad hostil e ignota. Inspira un justificado pánico. Sin embargo, con el conocimiento, y en particular gracias a su aplicación en forma de ética y de técnica, conquistamos el mundo. Nos protegemos de las inclemencias que nos depara un universo aciago, cuya entraña no obedece a criterios de justicia, sino de rasa supervivencia, pero al hacerlo, nos erigimos en la especie opresora por excelencia, y subyugamos desalmadamente el orbe que nos circunda y contiene. En lo que se refiere al propio ámbito humano, a través del conocimiento nos afanamos en diseñar normas, instituciones, costumbres y estructuras sociales que velen por la convivencia, pero sólo logramos este objetivo con un esfuerzo demasiado oneroso y, como analizó brillantemente Sigmund Freud, a costa de reprimir unas pasiones que se arrinconan en lo recóndito del inconsciente, para resurgir de tiempo en tiempo y generar en nuestro interior tenaces dosis de sufrimiento.

Esta ambivalencia fundamental rubrica la doble cara de todo proceso de humanización: muchas veces deshumaniza, y no siempre es universal. Existe un sinnúmero de víctimas de la ambición humana de progreso, cuyo testimonio rara vez se hace público. Un deseo tan noble ha encubierto también una aspiración paralela e irredenta de obtener más y más poder, más y más dominio. Y, a pesar de todo, aun expuestos a esta insobornable realidad, somos conscientes de que difícilmente vislumbraremos un fin más edificante que la meta de humanizar todas las condiciones que nos envuelven, tanto en la esfera individual como en la social. No podemos renunciar a la utopía de convertir el conocimiento, la capacidad que posee la mente humana para vincular hechos entre sí, para descubrir explicaciones causales y para interpretar la realidad, en espejo de la paz: la hermosa ilusión de que el conocimiento impulse, con valentía, la búsqueda de un mundo más humano.

Mediante el conocimiento, adecuamos el mundo a nuestro mundo y la historia a nuestra historia. Comprendemos lo extraño desde lo que nos resulta más familiar, y contrastamos una realidad que se empeña en desconcertarnos con esa luz que nuestra mente (nuestra imaginación, nuestra fantasía) concibe como factible. La ciencia somete la multiplicidad de fenómenos del mundo a un conjunto de leyes y, más aún, de procedimientos metodológicos cuya potencia teórica nos permite entender lo aparentemente distinto como la manifestación de una misma realidad subyacente. Así, la física ha conseguido descubrir las cuatro fuerzas fundamentales de la naturaleza, y nos ha desvelado que la inmensa variabilidad de sucesos que moldean el cosmos se reduce, en último término, al concurso de cuatro interacciones básicas. La física actual se ha planteado también llegar a una "teoría del todo" que integre esas cuatro dinámicas en una única ley universal.

Con el hallazgo de la estructura del ADN, del ácido desoxirribonucleico, James Watson y Sir Francis Crick sorprendieron al mundo al desentrañar la clave de la vida, de la que participan tantos y tantos seres individuales. Los genes constituyen fragmentos de ADN, y en ellos se expresa la herencia de millones de años de evolución. Con anterioridad, Charles Darwin había ennoblecido el anhelo humano de conocimiento al proponer una síntesis científica que indicaba cómo las especies más complejas procedían de las más simples. Lo hipotéticamente diverso queda, a la larga, insertado en el seno de una visión de conjunto. ¿Qué relación guardan el ser humano y el organismo unicelular más sencillo? Y, sin embargo, ambos son testigos del mismo proceso evolutivo que ha acaecido en nuestro planeta durante los últimos tres mil millones de años. Ya en el siglo XVII se produjo un avance sin parangón en la comprensión científica del mundo cuando Sir Isaac Newton, en sus *Philosophiae Naturalis Principia Mathematica*, de 1687 (probablemente la obra científica más sobresaliente de todos los tiempos), rompió la rígida separación que los griegos, y en particular Aristóteles, habían establecido entre la física de los fenómenos terrestres y la del firmamento. Las estrellas, para el Estagirita, se regían por leyes especiales, pues encapsulaba un orbe cuasi-divino, diferente al de la Tierra; pero la inteligencia preclara y penetrante de Newton demostró que las mismas leyes que gobiernan la mecánica de la Tierra explican también el vasto elenco de acontecimientos desplegados en esos cuerpos radiantes que pueblan la inmensa y noctámbula bóveda sideral. Otra victoria del intelecto humano y de su progresiva "des-mitologización [*Entmythologisierung*]" del mundo y de la historia, a la que tanta relevancia atribuyera el teólogo alemán Rudolf Bultmann[103] (idea estrechamente emparenta-

---

[103] Cf. R. Bultmann, *Neues Testament und Mythologie; das Problem der Entmythologisierung der neutestamentlichen Verkündigung*, Chr. Kaiser, Munich 1985.

da, al menos formalmente, con el "desencantamiento del mundo [*Entzauberung der Welt*]" de Max Weber)[104].

El saber adquirido no es inmutable, y no siempre se revela acumulativo. En algunas ramas de las ciencias naturales, los conocimientos más recientes se suman a los ya consolidados, en una especie de concatenación que permite complementar lo antiguo con lo nuevo. Albert Einstein corrigió la mecánica de Galileo y Newton y su teoría de la gravedad al formular la relatividad (restringida y general), pero la física clásica todavía representa un caso límite de la de Einstein. El concepto de "paradigma" de Thomas Kuhn se aplica, a nuestro juicio, con excesiva arbitrariedad: sólo existe un paradigma científico, gestado en los siglos XVI y XVII por figuras como Galileo, Kepler y Newton. Las revoluciones en el seno de una determinada disciplina, como la física, no conculcan la opción metodológica esencial (combinar razonamientos hipotéticos con validaciones empíricas) que inspira la labor científica desde hace ya cuatro siglos. No parece adecuado, por tanto, situar en un mismo nivel la génesis de la ciencia moderna (el verdadero "cambio de paradigma" en nuestra historia intelectual: la síntesis metodológica de inducción y deducción) con las transformaciones propiciadas por innovaciones técnicas, descubrimientos teóricos y hallazgos experimentales realizados con posterioridad a ese hito. Lo cierto, de todas maneras, es que esta tendencia hacia un progreso irreversible no se aprecia en las denominadas "ciencias humanas". Poco tienen en común, salvo coincidencias puntuales, la antropología antigua, medieval y de la temprana modernidad con la antropología contemporánea. Se identifica-

---

[104] Como escribió Max Weber, "*Jener grosse religionsgeschichtliche Prozess der Entzauberung der Welt, welcher mit der altjüdischen Prophetie einsetzte und, im Verein mit dem hellenischen wissenschaftlichen Denken, alle magische Mittel der Heilssuche als Aberglaube und Frevel verwarf, fand hier* [en el ascetismo calvinista] *seinen Abschluss*" (*Gesammelte Aufsätze zur Religionssoziologie*, J.C.B. Mohr, Tubinga 1920, vol. I, 94). Sobre el concepto de "desencantamiento del mundo" en Weber, cf. W. Schluchter, *Die Entzauberung der Welt: sechs Studien zu Max Weber*, Mohr Siebeck, Tubinga 2009.

rán inevitablemente en aspectos particulares, en informaciones concretas cuya validez perdura (aun extendida o relativizada), pero raramente lo harán en la metodología de fondo empleada. El método científico, por el contrario, continúa vigente desde Galileo, y representa uno de los mayores logros en la historia de la humanidad.

La ciencia condensa el conocimiento por excelencia, pero la ciencia no encarna la paz por antonomasia. La ciencia triunfante al despejar copiosas incógnitas sobre tantos y tan profusos misterios que embellecen el universo, la ciencia que nos muestra el fascinante mundo de las partículas elementales, la ciencia que, gracias a Poincaré, Heisenberg y Gödel, llega incluso a adquirir conciencia de que su potencial predictivo adolece muchas veces de un carácter ilusorio, fabrica las armas más devastadoras que engendra el ingenio humano, y nos capacita para destruir por completo el planeta, así como para exterminarnos a nosotros mismos. La ciencia inspira también temor, un desasosiego profundo ante el horizonte verosímil de que nuestras relaciones se deshumanicen gradualmente, y la técnica lo invada todo y anule cualquier resquicio de creatividad, cualquier espacio en el que aflore la fantasía y prospere la vida. Nos aterra que lo artificial aniquile lo natural. Nos estremece pensar que unos pocos se aprovechen de la energía latente en la ciencia y en la técnica para ejercer un dominio despótico sobre otras personas. Regresamos, casi circularmente, al punto de partida: la experiencia histórica justifica el pesimismo, casi lacrimógeno, que recorre el panorama intelectual de nuestro tiempo, el escepticismo ante la utopía de que la ciencia, y el conocimiento en su más lata acepción, nos obsequien con esa paz por cuyo aroma tan denodadamente suspiramos. Semejante anhelo se contempla como un espejismo vano, como un delirio trasnochado y grandilocuente, como una ficción desacreditada que pudo tener sentido en tiempos de la Ilustración, pero que en nuestra época resulta anacrónica.

Como humanos, siempre hemos querido vivir mejor, y tenaz ha sido nuestra aspiración a una existencia más plena, más humana, más íntegra. Incluso aquéllos que han cometido los crímenes más atroces han apelado a su carácter "necesario" para mejorar el presente. La humanidad no ha cejado en su empeño de vislumbrar un porvenir más esperanzador y menos contradictorio. No hemos caído presos de nuestro tortuoso pasado. Por supuesto, hemos vuelto la vista a lo antiguo, y en determinadas etapas de la historia el presente ha sido rehén de los tiempos pretéritos, de concepciones caducas y de poderes marchitos; pero al menos desde la Ilustración, lo que nos subyuga es el futuro. Relativizamos el presente en función del porvenir. El pasado ya no tiene por qué imponerse sobre el hoy encaminado hacia el mañana. Planificamos, proyectamos, imaginamos…: soñamos, después de todo, con el futuro. Creemos que la ciencia encontrará finalmente una vacuna contra el sida y el cáncer, y que los conflictos bélicos actuales se solucionarán, y que las obsolescentes potestades de hoy cederán el testigo a las venideras, y que todo aquello que ahora ignoramos, o de lo que conocemos poco, no constituirá un misterio dentro de años, décadas o siglos. No nos atemoriza pensar que las ideas que ahora consideramos válidas perezcan en un futuro no muy lejano.

Examinemos nuestra conciencia en este punto y probablemente reparemos en cuán cautivos somos de una certeza arbitraria: la frágil convicción de que todo cambiará, quizás a mejor, en un futuro. Ya no admitimos la posibilidad de un retroceso hacia el pasado. Lo pretérito se nos muestra como regresivo, mientras que en el porvenir situamos todo avance. El sol que amanecerá mañana brillará con mayor intensidad que ese astro rey que ayer nos iluminó. Nos hemos persuadido de la irreversibilidad del tiempo, de esa flecha que establece la segunda ley de la termodinámica, y concebimos el mundo y la historia desde los parámetros de esta asunción: el tiempo prosigue su curso imparable, y nuestra única alternativa reside en mirar hacia delante. En cualquier caso, nos equivocaríamos si nos dejásemos hipnotizar por una especie de futuro ventrílocuo, cuya voz adquiriera una personalidad propia y evanescente que escapase de nuestro control (de este riesgo se percató con lucidez Daniel Bensaïd[105]). Debemos participar activamente en la forja de nuestro porvenir: hemos de pronunciar las palabras, acompasar los discursos y declamar los versos nosotros mismos ya hoy.

La humanidad espera en el futuro, en un instante ignoto a cuya luz algún genio explique lo que hoy yace sumido en la espesa sombra de lo enigmático, y la tecnología mejore nuestras vidas, y pueblos hoy enemistados se entiendan y amen, y, por qué no, conquistemos nuevos mundos, hoy lejanos y casi inalcanzables. Pero no siempre ha sido así. Hace siglos, nuestros ojos se dirigían hacia el pasado, hacia la primordial edad dorada, hacia la *aetas aurea* de Ovidio. Platón hablaba, con una nostalgia de resonancias luctuosas, de la Atlántida, y en esta sociedad plasmaba el mito de una civilización superior, aniquilada más tarde por la desidia de los dioses, aunque protagonista de unas metas que permanecerían aún hoy imbatidas, como una copa nunca rebasada. Todo lo sucesivo habría desembocado en vacua y aciaga decadencia. La Biblia nos habla del jardín del Edén como estado inicial, bañado por una perfecta armonía inaugural entre el ser humano, Dios y la naturaleza. Sin embargo, con el pecado llegó la perdición, y el hombre y la mujer se vieron obligados a abandonar ese escenario idílico, ese paraíso áureo y melancólico, para adentrarse en la inhóspita crudeza que oscurece la historia. Parecería que todo hubiese empeorado irrevocablemente: tras Grecia y Roma, después de su arte, de sus matemáticas y de su cultura, advino un tiempo lánguido, una edad decadente, la ajada pérdida del saber clásico. Europa no aventajó a los griegos en conocimientos matemáticos hasta bien entrado el siglo XVII, gracias al descubrimiento del concepto de función y a la invención del cálculo infinitesimal por Newton y Leibniz.

El zoroastrismo, el profetismo de Israel y el cristianismo incorporaban ya, en cierto modo, la idea de una

---

[105] Cf. D. Bensaïd, "L'Humanité au-delà du Capital", en *Actuel Marx* 1/2002, 139-146.

historia lineal que aguarda una consumación. En lugar de limitarse a contemplar el remoto pasado, sus doctrinas escatológicas hacen depender lo pretérito y su aprehensión de un porvenir inconcluso, aún no culminado. Pero sólo con la filosofía de los siglos XVII y XVIII, la conciencia occidental se abrió decididamente a la perspectiva del futuro. Karl Löwith, en un estudio célebre sobre los presupuestos teológicos de la moderna filosofía de la historia[106], ha puesto de relieve cómo este planteamiento se benefició de nociones centrales de la tradición judeocristiana, ahora secularizadas. Hans Blumenberg sostiene que la modernidad no posee ninguna deuda irreparable con el imaginario judeocristiano[107], pero resulta innegable que las sendas transitadas por el discurso sobre la humanidad y la historia se deslizan, ya desde los albores del mundo moderno, por unos cauces y patrones que no se comprenden cabalmente sin el poderoso influjo impreso por la teología judeocristiana. Una cuestión diferente (y en este punto la tesis de Blumenberg es esclarecedora) atañe a si, por el simple hecho de acarrear semejante carga a sus espaldas, la modernidad debería sentirse "esclava" del discurso teológico, como si arrastrase un débito no saldado cuya gravedad hipotecaría la totalidad de sus propuestas. De ser así, habría recibido una herencia envenenada.

El futuro se ha convertido en sinónimo de esperanza. Ernst Bloch consagró su obra más aclamada, *El Principio Esperanza*, al estudio de la esperanza humana en un futuro mejor, idea asumida por las llamadas "teologías de la esperanza" que, como la de Jürgen Moltmann, subrayan la orientación del pensamiento cristiano hacia la dinámica de un porvenir abierto, susceptible de revelar un horizonte más humano. Sin embargo, el futuro también evoca incertidumbre e incluso de miedo. No sabemos qué nos puede deparar, porque nos

---

[106] Cf. K. Löwith, *Weltgeschichte und Heilsgeschehen. Die theologischen Voraussetzungen der Geschichtsphilosophie*, W. Kohlhammer Verlag, Stuttgart 1953.

[107] Cf. H. Blumenberg, *Die Legitimität der Neuzeit*, Suhrkamp, Frankfurt 1966.

ha reservado acontecimientos tan horrendos que sólo recordarlos nos produce pánico. Theodor Adorno escribió que componer poesía después de Auschwitz es un acto de barbarie[108]. Tras semejante núcleo de inhumanidad es muy difícil poetizar, pero no imposible. La humanidad no ha cesado de cultivar la poesía y de expandir la ciencia. La humanidad aún vive, y aún se esfuerza por hacerlo humanamente. Poco antes de morir, con ciento dos años, el gran teórico de la hermenéutica en Europa, Hans-Georg Gadamer, exhortaba a la humanidad a no perder la esperanza. El poeta chileno Pablo Neruda reiteraba esta idea en su discurso de recepción del premio Nobel de Literatura en 1971:

> "Hace hoy cien años exactos, un pobre y espléndido poeta, el más atroz de los desesperados, escribió esta profecía: '*A l'aurore, armes d'une ardente patience, nous entrerons aux splendides Villes*'. 'Al amanecer, armados de una ardiente paciencia, entraremos a las espléndidas ciudades'. Yo creo en esa profecía de Rimbaud, el Vidente. Yo vengo de una oscura provincia, de un país separado de todos los otros por la tajante geografía. Fui el más abandonado de los poetas y mi poesía fue regional, dolorosa y lluviosa. Pero tuve siempre confianza en el hombre. No perdí jamás la esperanza. Por eso tal vez he llegado hasta aquí con mi poesía, y también con mi bandera. En conclusión, debo decir a los hombres de buena voluntad, a los trabajadores, a los poetas que el entero porvenir fue expresado en esa frase de Rimbaud: sólo con una *ardiente paciencia* conquistaremos la *espléndida* ciudad que dará luz, justicia y dignidad a todos los hombres. Así la poesía no habrá cantado en vano".

¿Por qué perder la esperanza? Los peores tropiezos entran en violenta contradicción con los mayores aciertos de

---

[108] "*Kulturkritik findet sich der letzten Stufe der Dialektik von Kultur und Barbarei gegenüber: nach Auschwitz ein Gedicht zu schreiben, ist barbarisch, und das frißt auch die Erkenntnis an, die ausspricht, warum es unmöglich ward, heute Gedichte zu schreibe*" (*Prismen : Kulturkritik und Gesellschaft*, en *Gesammelte Schriften*, Suhrkamp Verlag, Frankfurt am Main 1997, vol. X, 30).

la humanidad. La miseria y la destrucción deslucen lo sublime y radiante que exhala la música, o la vibrátil y mágica belleza que desprende el saber científico, mas ¿por qué pensar que no cabe un futuro mejor? ¿Por qué resignarse y sucumbir al pasado? ¿Por qué no alardear de nuestra fuerza de superación, convencidos de que el porvenir, como escenario de lo imprevisible y de lo desconocido, erige siempre un marco imbuido de novedad y rociado de esperanza?

La muerte constituye una realidad terrible que nos ha atemorizado desde la aurora de nuestra realidad humana, pero también ofrece la posibilidad de una transformación renovadora de la historia. Los peores criminales del pasado ya no existen; si acaso perduran en nuestras reminiscencias, aunque en su mayoría se hallen sujetos a una amarga obliteración. Los grandes creadores, los científicos, los humanistas y los santos de las distintas religiones y culturas… perviven, todos, en la pertinaz memoria de la raza humana. Nuestros hijos estudian sus vidas en las escuelas porque queremos que aprendan de los testimonios más edificantes que nos otorga la historia. También deseamos que mediten sobre los malos ejemplos, para que así renuncien a la tentación de emularlos, pese a saber perfectamente que conocer la historia raramente ha evitado que se repita. Gracias a la muerte se rejuvenece la historia y nos acaricia la frescura. La muerte representa, en verdad, la antesala de la vida, porque ha de perecer lo antiguo para que florezca lo nuevo.

La incertidumbre de la historia evoca una verdad diáfana: en el futuro despunta siempre un horizonte bañado de novedad. La inquietud ante la historia puede también fertilizar el sólido árbol de la esperanza.

3. La paz del conocimiento y el conocimiento de la paz

Cabe representar la relación entre conocimiento y paz en términos de polos antinómicos: por un lado el conocimiento, sinónimo de lo teórico, y por otro la paz, fruto del compromiso práctico; teoría y praxis, contemplación y acción. El conocimiento confluirá entonces con una teoría pura que elude mezclarse con la práctica, obstinada en no contagiarse de su parcialidad y su contingencia. La acción, por su parte, recelará de la teoría, porque la juzgará incapaz de tomar conciencia plena de las complejidades del mundo real, ensimismada en proyectos idealistas y en la búsqueda de una perfección inasequible.

Las ciencias experimentales han establecido una feliz armonía entre teoría y praxis, entre conocimiento y aplicación. La tecnología ha contribuido al prestigio de la ciencia, tanto o más que sus explicaciones sobre el porqué de los fenómenos de la naturaleza. Sin embargo, en las ciencias humanas y sociales no se ha logrado instaurar un vínculo tan estrecho. Bien es cierto, en cualquier caso, que nuestros sistemas democráticos serían inconcebibles sin la labor reflexiva de tantos pensadores en los últimos siglos (y ya desde la Grecia antigua), quienes han iluminado, con el poder ínsito a sus ideas, la realidad social y el modo de organizarla en libertad y en justicia. Por tanto, toda apelación a la supuesta inutilidad de las humanidades frente a la sedicente utilidad de las ciencias debe ser tachada de superficial. Una civilización que no valore las humanidades, una sociedad que todo lo reduzca a materias "prácticas", correrá el riesgo de convertirse en simplista e insustancial. En palabras de Schelling, "el horror a la especulación, el ostensible abandono de lo teórico por lo netamente práctico produce ostensiblemente en el obrar la misma banalidad que en el saber". Cultivar disciplinas hipotéticamente estériles constituye un signo excepcional de libertad, de indeterminación y de grandeza humana, y la evidencia de que sólo en los países avanzados, cuya principal preocupación dista de la mera subsistencia, es posible dedicarse a estas empresas tan nobles y edificantes simboliza uno de los peores dramas que asolan nuestro tiempo.

Debemos desprendernos de la noción de que el conocimiento se identifica, en lo esencial, con la teoría pura y con la esfera de lo desinteresado, frente a una acción guiada por fines prácticos. Todo conocimiento, incluso aquél que parece erigirse en quintaesencia de la objetividad, es subjetivo, por cuanto proyecta un prejuicio humano sobre el cosmos: la existencia de inteligibilidad y nuestra capacidad de interpretarla cabalmente. La ciencia no es objetiva a secas: su objetividad se encuentra inextricablemente ligada a la subjetividad humana, su auténtico vehículo. Categorizamos el mundo de acuerdo con nuestros conceptos y presupuestos. Creemos, por ejemplo, que es factible comprender la naturaleza y descifrar sus leyes, pero todo podría responder en último término a una ilusión, a una fecunda coincidencia. No disponemos de ningún argumento que demuestre, *a priori*, que el universo de las formas matemáticas alumbrado en nuestra mente haya de describir el inexacto orbe de los cuerpos físicos. Aristóteles negaba esta posibilidad, aunque la ciencia posterior parece apoyar a Pitágoras y a Platón, quienes confiaban en las matemáticas como clave hermenéutica de la realidad física (así lo expuso también Werner Heisenberg en un discurso pronunciado en el Areópago de Atenas).

La visión científica del mundo profesa una fe, del todo justificada, en la inteligibilidad del universo. Cree que el cosmos es asequible al poder de penetración del intelecto. Y si, como mostrara Gadamer, toda comprensión entraña una precomprensión, he aquí el presupuesto básico de las ciencias: un mundo inteligible y sujeto a leyes universales, vigentes en cualquier punto del firmamento, siempre y cuando se cumplan condiciones análogas. Nuestros enunciados no se refieren sin más a estados de las cosas, sino que dependen inexorablemente de un sistema de referencia conceptual impuesto por nuestra propia mente. En las últimas décadas, con los progresos coronados por la física, la lógica y la matemática, palpables en el desarrollo de ramas como la mecánica cuántica, el estudio de los fundamentos de la matemática y la teoría del caos, ha disminuido nuestra fe en la inteligibilidad del mundo y en el poder explicativo de la razón. El mundo es más vasto y complejo de lo que piensa nuestra filosofía, pero somos conscientes de esta evidencia gracias, precisamente, al uso de la razón. Es la propia razón la facultad que nos ha advertido sobre sus límites ineluctables; por ello, la empresa científica, el afán de expandir el horizonte de nuestra comprensión, el ansia de entender aún más, no tiene por qué flaquear ni empequeñecerse.

No hay pretexto sólido para identificar el conocimiento con la teoría pura, desinteresada y desasida voluntariamente de la acción. Todo conocimiento traza ya un ejercicio, aun tenue, etéreo y difuso, de humanización, al igual que toda acción sobre el mundo nos reporta un entendimiento sobre el cosmos que habitamos. Al abrirnos a lo extraño, nos proyectamos también hacia ese fondo insondable que representa cada uno de nosotros. Al conocer, nos liberamos de lo inmediato, y nos emancipamos también de nosotros mismos, de nuestras ideas preconcebidas, de nuestro entorno, de nuestra propia historia. Pocas experiencias resultan tan gratificantes y enriquecedoras como la de instruirse, como la de aprender algo nuevo e insólito, un hecho, una verdad o una fantasía que nos redime del aquí y del ahora, de la angosta y opresiva galería que teje el *hic et nunc*. Incluso la aparentemente ociosa reflexión de los primeros filósofos jonios sobre el cosmos y el *arjé* de la naturaleza fue a la larga imprescindible para rescatar la mente humana de las cadenas de una concepción mágica del mundo, en la que cualquier individuo mínimamente astuto, elocuente y ambicioso podía arrogarse la potestad de controlar esas fuerzas arcanas regentes en un espacio impregnado de hechizos y permeado por crípticos encantamientos. Emprendíamos así la heroica senda de racionalización del universo, auspiciados por el poder cuasi salvífico de la inteligencia.

El conocimiento se yergue al alcance de todos, y no sólo de los eruditos y de los potentados. La evidencia de la razón es la más liberadora de las certezas. Martín Lutero se lo hizo saber al emperador Carlos V en la Dieta de Worms: o era persuadido por la razón y por argumentos extraídos de la Sagrada Escritura, o jamás se retractaría de sus revolucionarias (con permiso de John Wycleff) tesis teológicas. De nada serviría argüir encaramado al púlpito de la autoridad, desde ahora ya siempre disputada. El conocimiento derrota toda jerarquía, e instaura él mismo la nueva supremacía, la bella aurora que, en la dorada frescura de su amanecer, destierra la ignorancia y la sume en un feliz crepúsculo. Muchas veces somos rehenes de dolorosos prejuicios. El propio conocimiento no es ajeno a esta fatalidad, pero la historia nos enseña que hemos sido capaces de concienciarnos de una realidad: nuestra mente no es pura y límpida, una plácida *tabula rasa*, dichosamente independizada de todo influjo exógeno, sino tributaria de un sinnúmero de contextos que ella no ha forjado y cuya sombra compromete su autonomía. Sin embargo, yace en nosotros el vigor de la inteligencia para quebrantar todo convencionalismo y diluir toda noción atávica. Puede que la mente sea fácilmente subyugable, y múltiples factores que no siempre gobierna quizás la aprisionen, pero no debemos olvidar que en ella misma reside la llave para escapar de toda cárcel.

Jürgen Habermas ha expresado, con notable profundidad, el vínculo que existe entre conocimiento e interés. En su opinión, las ciencias empírico-analíticas poseen un interés técnico, consistente en la voluntad de dominio sobre la naturaleza. Esta observación no significa que el hallazgo de una aplicación práctica determine por entero todos los enunciados de la ciencia, sino que incluso la teoría "pura" se somete a unos procedimientos de validación que, por su propia virtud, refuerzan el método científico. En ocasiones provocamos las condiciones de los experimentos para así legitimar los asertos teóricos, basados en nuestro ideal de ciencia hipotético-deductiva.

Las ciencias histórico-hermenéuticas tienen como horizonte la interpretación del mundo y de la historia, de manera que el sujeto pueda comprenderse a sí mismo. Sería inútil tratar de desligarse de esta inherente inclinación hacia la subjetividad, porque todo desarrollo en el ámbito de las ciencias humanas nos impulsa a conocernos a nosotros mismos en nuestra situación presente, para quizás verter luz sobre cómo debemos actuar en el mañana. En palabras de Habermas en *Ciencia y Técnica como Ideología*, "la investigación hermenéutica abre la realidad guiada por el interés de conservar y ampliar la intersubjetividad de una posible comprensión orientadora de la acción". De hecho, uno de los mayores logros de este tipo de disciplinas estriba en haber acentuado la envergadura de nuestras precomprensiones en esferas tales como la reflexión sobre la historia y la sociedad. Las filosofías de las sospecha, pese a todas sus limitaciones, han ayudado a adoptar una actitud de cautela o de rechazo ante la "neutralidad" de algunas hermenéuticas pasadas, cuyas formulaciones escondían una flagrante voluntad de dominio. He aquí uno de los éxitos de la sociología del conocimiento: insertar la búsqueda humana del saber dentro de un contexto histórico y social, para no sucumbir a la ilusión de una objetividad pura, que con frecuencia enmascara prejuicios ancestrales, imaginarios que, en lugar de emanciparnos de la ignorancia, nos anudan más a ella y esclerotizan los resortes del pensamiento y de la acción.

Y, finalmente, Habermas reconoce una tercera clase de ciencia, la crítica, definida por el interés emancipatorio de la razón: la conquista de su libertad; la inauguración de un diálogo, exento de dominios, que involucre a todos los agentes racionales. Como escribe en el texto al que acabamos de referirnos: "sólo en una sociedad emancipada, que hubiera conseguido la autonomía de todos sus miembros, se desplegaría la comunicación hacia un diálogo, libre de dominación, de todos con todos, en el que nosotros vemos siempre el paradigma de la recíprocamente constituida identidad del yo como también la idea del verdadero consenso".

La ciencia crítica coincide, al menos en lo fundamental, con esa rama que la historia del pensamiento occidental ha llamado "filosofía". Y el "amor a la sabiduría" que ha inspirado la labor filosófica durante siglos no ha permanecido en absoluto ajeno al mundo de la acción. La filosofía raramente ha incoado una especulación vacía, desconectada por completo del acontecer real y despojada de una posible transposición al esquivo terreno de la práctica. Los filósofos se han visto influenciados por el tiempo en que vivían, y han determinado también, desde la fuerza de sus ideas, la evolución de las sociedades. La labor filosófica es de naturaleza política, porque sus conclusiones afectan inconfundiblemente a la *polis*, a la comunidad humana. La filosofía ansía comprender y humanizar el mundo y la historia, ¿y existe acaso un anhelo en cuyas entrañas resuene mejor el eco de lo político?

Incluso un filósofo tan aparentemente instalado en el universo celeste de las ideas como Platón sufrió, en sus propias carnes, las repercusiones políticas de su pensamiento filosófico: fue vendido como esclavo por el tirano de Siracusa, cuando "el ancho de espaldas" le expuso su plan de una república regida por el rey-filósofo. ¡Platón, el pensador que contempló un *kosmos noetikós*, un mundo inteligible inundado de ideas cuyas formas aquilatadas plasmaban el orden de lo realmente real, tratado como un vulgar y mísero esclavo!... La mayor y más lacerante de las humillaciones, pero también la consecuencia de filosofar: no pasar inadvertido ante el mundo. Las tesis más pintorescas de las metafísicas racionalistas y precríticas, esas coloridas elucubraciones en torno a mónadas, causas ocasionales y armonías preestablecidas, poseían una traducción política: obedecían a un deseo de categorizar el mundo, a una aspiración a racionalizar el universo, cuyos frutos se reflejarían paulatinamente en la arquitectónica social. Y, por encima de todo, la filosofía ha favorecido siempre un diálogo. La filosofía ha suscitado preguntas aleccionadoras que han exigido entablar un debate, un intercambio discursivo entre los interlocutores que ha implicado, activa y apasionadamente, a tantos seres humanos. La filosofía ha promovido la comunicación humana, y quizás brille aquí su mayor éxito: en haber instaurado las condiciones intelectuales y sociales para que la humanidad no dejase nunca de formular interrogantes, como antesala de su autotrascendencia y preludio de su elevación sobre lo dado. El reto radica en universalizar este empeño tan seductor y noble.

    Una característica primordial de la especie humana nos remite a su capacidad de comunicación. La comunicación puede cosificar, y devenir ella misma en generadora de estructuras compactas, anquilosadas y asfixiantes, pero ante todo nos suministra una herramienta insustituible para que los individuos y las colectividades se superen a sí mismos, y obtengan un espacio de comprensión más amplio. Cabe hablar entonces de un *humanismo pluralista*, que no imagina las culturas como entidades aisladas donde se repiten, arquetípicamente, invariables constitutivos, sino que toma, como principio de intelección, la incesante fuerza humana para sobreponerse a sus relaciones estructurales y pensar siempre más allá de lo dado.

    La comunicación resplandece, como en una bella epifanía polifónica, en la ciencia, en la filosofía y en el arte. Con la comunicación, los seres humanos rompen las coacciones de las estructuras naturales y sociales y alcanzan una mayor conciencia de su libertad. No existe marcha atrás en la percepción de nuestra legítima autonomía. Pese a descubrir que estamos subordinados a poderosas estructuras que nos avasallan con sus pesadas losas, alumbramos también maneras viables de deshacernos de esas cargas sofocantes y gravosas. Intuimos, es verdad, que nos capturarán nuevas estructuras, aherrojados en un proceso inclemente que no irradia piedad alguna hacia los sueños más profundos albergados por el corazón del hombre. Extraños conjuros nos aprisionarán en nuevos y glaciales cautiverios, e impedimentos de todo tipo derrumbarán la ilusión de una libertad plena y soberana. Después de todo, quizás debamos convencernos de que un veredicto irrevocable nos ha condenado a alzarnos a la vez como maestros y esclavos… En cualquier caso, no hemos de olvidar que la misma humanidad que se reconoce rehén de barreras preestablecidas se lanza, en la aventura del conocimiento, a ofrecer flamantes espacios de vitalidad y de pensamiento.

La comunicación permite a los seres humanos escapar de su ensimismamiento, y propicia que las culturas se abran las unas a las otras. La comunicación yace, así, en la raíz de todo progreso histórico, que sólo puede consistir en la adquisición de un mayor espacio de realización y de liberación humanas. Los avances en el conocimiento y en las relaciones sociales representan un testimonio inestimable del poder de la comunicación: han fraguado un nuevo universo de humanismo, en cuyo seno la ignorancia y los nexos de dominio han cedido el testigo, paulatinamente, al entendimiento y a la libertad. Toda carencia que conculque las ansias de la humanidad adolecerá de un carácter circunstancial, porque en la comunicación reside el secreto tan codiciado para superar constantemente toda privación, intencionada o sobrevenida.

La esperanza en la posibilidad de configurar humanamente las estructuras prefijadas transparenta una fe nívea en el progreso, una confianza robusta en la humanidad, que hunde sus raíces en la naturaleza misma de la comunicación. La acción comunicativa establece un medio simbólico para que mentes distintas, "universos" teóricamente infranqueables, manifestaciones de la morada recóndita de lo subjetivo, entren en contacto. La comunicación erige un espacio que trasciende, necesariamente, la parcialidad del individuo singular y de la colectividad o cultura específica: la comunicación es el espacio de lo universal. Por ello, todo propósito de humanización debe perseguir lo que Habermas ha llamado "una comunicación libre de dominios", donde sujetos y grupos puedan desplegar todas sus virtualidades, en un escenario de auténtica realización. El humanismo pluralista, el humanismo que no obvia cómo la historia, la sociedad, la economía y la ciencia condicionan la comprensión de nosotros mismos; el humanismo que, en definitiva, no pretende imponer un concepto apriorístico de hombre, asume también la esperanza en un futuro más humano. El humanismo pluralista desemboca así en el humanismo de la comunicación, en la que contempla nuestro mayor poder.

La comunicación quizás sucumba a sombríos intereses y a una voluntad casi inexpugnable de hegemonía, pero es también el vehículo por antonomasia de nuestra racionalidad. Gracias a ella, llegamos a explorar lo inconsciente, y descubrimos nuestra sumisión a impulsos instintivos y a vastas dinámicas sociales. La razón revela cómo nos internamos, con frecuencia, en una caverna tenebrosa plagada de prejuicios y atavismos, cuya intensa penumbra nos impide gozar de la luz del sol; pero es tan pujante la vehemencia del intelecto, de la comunicación, del cuestionamiento de lo dado a través de la reflexión, que logramos percibir tímidos destellos de una luz cuyas irisaciones anegan el mundo y engrandecen el pensamiento. Así, nos percatamos de nuestra cualidad de reos, y nos sentimos incitados a rebelarnos, a desprendernos de esos grilletes que secuestran nuestra libertad en una oscura cueva teñida de vejatorias servidumbres. La comunicación se sitúa, por tanto, en el origen de todo posible avance en los difusos senderos del saber.

En el conocimiento, como puerta inaugural hacia la humanización, convergen las ciencias de la naturaleza y las ciencias del hombre. Las ciencias naturales y las ciencias humanas pueden contribuir igualmente a propiciar una mayor conciencia de libertad, pues ambas rompen las cadenas de la ignorancia y ensanchan los horizontes del pensamiento. En ellas no sólo se materializa el ansia humana de realización, sino que se moldea el pilar de una nueva comunicación, aún más libre de dominios: una comunicación aún más humana. El destino de la historia no puede revelarse ajeno a la actualización de nuestra infinita capacidad de comunicación. La ciencia, la técnica y el pensamiento (en cuanto energía alumbradora de las ideas que habrán de regir el funcionamiento de la sociedad y su autocomprensión), resultado de la comunicación entre los individuos y las colectividades, entre las personas y las culturas, alimentan la esperanza de humanización, y nutren el sueño de una relación más fraternal con la naturaleza. El potencial deshumanizador de la ciencia, de la técnica y del pensamiento, puesto de relieve por tantos autores (entre otros, Max Horkheimer y Theodor Adorno en *Dialéctica de la Ilustración*), no puede eclipsar una evidencia: es la propia razón, es la propia comunicación reflexiva la que nos hace conscientes de esta amenaza tan avasalladora. La razón vislumbra un peligro de deshumanización en sus logros más sobresalientes, pero es también ella quien nos exhorta a buscar soluciones, a no conformarnos con un pesimismo lóbrego y paralizante, sino a comprometernos con la edificación de un mundo más humano.

En la comunicación, como elemento neurálgico de esa realidad (en gran medida ignota e intangible) que llamamos ser humano, radica la llave de nuestra libertad, así como del florecimiento de nuestras posibilidades de realización más genuinas. El conocimiento, fruto preeminente de la comunicación, no puede ser extraño al crecimiento de la conciencia moral humana. En palabras de Noam Chomsky en *Reflections on Language*: "es razonable suponer que lo mismo que las estructuras intrínsecas de la mente subyacen en el desarrollo de las estructuras cognoscitivas, también el 'carácter de especie' provee el marco para el crecimiento de la conciencia moral, de la realización cultural e inclusive de la participación en una comunidad libre y justa… Hay una importante tradición intelectual que presenta importantes alegatos a este respecto. Aunque esta tradición se inspira en el compromiso empirista en el progreso y en la ilustración, creo que encuentra raíces intelectuales aún más profundas en los esfuerzos racionalistas para fundar una teoría de la libertad humana. Investigar, profundizar en y a ser posible establecer las ideas desarrolladas en esta tradición por los métodos de la ciencia es una tarea fundamental para la teoría social libertaria".

Las grandes tradiciones sapienciales, culturales y religiosas de la humanidad confluyen en la formulación de una ética de la humanización, capaz de manifestar el potencial más extenso y profundo que posee el ser humano: su afán inquebrantable de conocimiento y de libertad. Precisamos de una ética que, sin claudicar a los intereses ideológicos de una postura que pretende convertir al sujeto en el único responsable de sus acciones para exonerar al sistema (social, económico, cultural…) y a sus estructuras de toda culpa en la falta de humanización que, por desgracia, impera en nuestro mundo, pero sin ceder a las presiones de una visión exclusivamente estructural, que asfixia la creatividad del individuo y nos condena al anquilosamiento, al tedio y a la uniformidad, logre promover una comunicación libre, a cuya luz afloren las auténticas posibilidades del ser humano. Será el medio para que toda persona (sin distinción de sexo, género, raza, procedencia, religión o pensamiento) y toda cultura vivan humanamente.

Y esa humanidad humanizada a través de la comunicación entrará también en diálogo con la naturaleza física, con el mundo: "en lugar de tratar a la naturaleza como objeto de una disposición posible, se la podrá considerar como el interlocutor en una posible interacción. En vez de a la naturaleza explotada cabe buscar a la naturaleza fraternal. Podemos (…) comunicar con la naturaleza, en lugar de limitarnos a trabajarla cortando la comunicación. Y un particular atractivo, para decir lo menos que puede decirse, es el que conserva la idea de que la subjetividad de la naturaleza, todavía encadenada, no podrá ser liberada hasta que la comunicación de los hombres entre sí no se vea libre de dominio. Sólo cuando los hombres comunicaran sin coacciones y cada uno pudiera reconocerse en el otro, podría la especie humana reconocer a la naturaleza como un sujeto y no sólo, como quería el idealismo alemán, reconocerla como lo otro de sí, sino reconocerla en ella como en otro sujeto" (Habermas, *Ciencia y Técnica como Ideología*). Raimon Panikkar ha hablado, en efecto, de una "ecosofía", de una "sabiduría de la Tierra", discernible a través del diálogo con todo ese orbe vital que nos envuelve y que tan generosamente nos acoge.

La explosión de conocimiento y de innovación intelectual y tecnológica a la que hemos asistido en las últimas décadas ha transformado, a veces de manera escalonada y otras de forma abrupta, todos los estratos de nuestra vida individual y social. La progresiva expansión del uso de Internet nos ha dotado de una posibilidad hasta hace poco insólita: el acceso casi instantáneo a las fuentes de la información, algo que ni los más utópicos pensadores del racionalismo y de la Ilustración habrían podido siquiera presagiar. Es como si un gran sueño, la utopía de entender y descubrir incesantemente, cuya sombra vagarosa nos ha acompañado durante milenios, superase ahora las expectativas más optimistas.

Estoy convencido de que la primacía en el siglo XXI le va a corresponder al conocimiento, en lo que podríamos denominar, provisionalmente, *matematismo*[109]. De producirse esta situación, nos encontraremos ante la mayor

---

[109] El término "matematismo" lo tomamos en referencia al griego *mathema*, que significa "conocimiento", y no en alusión a la ciencia matemática en cuanto tal. Es interesante observar que la primacía del conocimiento como fuente de *auctoritas*, más allá de otras formas posibles de ejercicio de dominio sobre el mundo natural, social e individual, está presente, aun con matices, en el pensamiento de Confucio (551-479 a.C.). La filosofía confuciana, de gran influencia también en el resurgimiento de las tradiciones chinas que tiene lugar en estos momentos en el seno del gigante asiático, considera que sólo aquéllos que se han cultivado a sí mismos en grado eminente deben ganar acceso al ámbito del poder. Inspirado en gran medida en el imaginario confuciano, se estableció en China, durante las dinastías *Sui* y *Tang* (entre los siglos VI y X d.C., aproximadamente), un examen para el servicio civil de naturaleza meritocrática, sistema perpetuado en las épocas imperiales más tardías. Ni el linaje ni la riqueza habían de constituir las llaves a la esfera del gobierno, sino la superación de una prueba oficial que atribuyera la gestión de los asuntos públicos sólo a los más capaces (cf. B. A. Elman, *A Cultural History of Civil Examinations in Late Imperial China*, University of California Press, Berkeley 2000). Si bien el concepto de "matematismo" presenta un cierto paralelismo con el de la forja de una meritocracia en la llegada a la práctica efectiva del poder, frente a la supremacía unilateral de otras formas de potestad (como, por ejemplo, la posesión del capital), la noción que proponemos no se limita al nivel del poder político y de la administración de lo público, sino que aspira a categorizar la idea de que lo más relevante a la hora de configurar el futuro, a título tanto individual como colectivo, así como a producir aquellas representaciones destinados a preponderar en los tiempos venideros, debe ser, tanto descriptiva como normativamente, el conocimiento, cauce preeminente en la senda de humanización de los universos físico, social y personal.

humanización y democratización de las actividades económicas y sociales de nuestra historia. El poder o la autoridad ya no emanarán del control del capital, del trabajo o de la naturaleza, sino que brotarán de un conocimiento que, al resultarnos cada vez más próximo y asequible, favorecerá un incremento exponencial de las oportunidades de participación activa de todos los seres humanos en la gestión de todas las áreas de la sociedad. Además, nuestra creciente comprensión sobre la naturaleza y el funcionamiento de la mente humana nos permitirá desarrollar las capacidades intelectuales de todos los miembros de nuestra especie. La jerarquización social basada en retribuciones escandalosamente desiguales perderá entonces su justificación más invocada (la que apela a la asunción de mayores responsabilidades por gozar de una formación o de un nivel intelectual superiores), y nuestra idea sobre los límites y las virtualidades del ser humano se alterará radicalmente.

Probablemente nada en el mundo nos libere de las barreras tan avasalladoras, de los prejuicios tan desgarradores y de las cadenas tan férreas que nos acechan como la luz del conocimiento. Usurparán nuestra libertad, pero no el saber que hemos atesorado. Con el conocimiento, vencemos todo intento de dominio (cultural, económico, religioso...). Con el conocimiento, comprendemos a los demás, entendemos la naturaleza y nos adentrarnos en nosotros mismos. Al conocer, relativizamos nuestras propias posiciones, y tomamos conciencia de la vastedad del horizonte que se alza ante nosotros. *Dessinunt odisse qui dessinunt ignorare*: "dejan de odiar los que dejan de ignorar", en frase de Tertuliano. Lo ignoto causa temor o genera desconcierto. El miedo, la frialdad y la envidia hacia una persona sólo se desvanecen (o se refuerzan) cuando la tratamos de primera mano. En la amistad se difuminan los prejuicios previamente albergados hacia ese alguien a quien ahora amamos, porque frente a un rostro, frente a una palabra, frente a una mirada despojada de máscaras y privada de sutilezas, resplandece la franqueza y nos conquista la verdad.

Mediante el conocimiento, aprendemos a no resignarnos ante lo que parece inexorable, y nos afanamos en triunfar sobre todo eventual obstáculo que cercene la ilusión humana de inaugurar nuevos escenarios para el pensamiento y la acción. Decía Aristóteles que el "alma es, de alguna manera, todas las cosas". Sustituyamos conocimiento por alma y veremos cuánto sentido tiene aún la sentencia del gran filósofo de Estagira. El conocimiento constituye la creación más extraordinaria que ha fraguado el ser humano.

Una característica notable del conocimiento estriba en su tendencia a difundirse. Rara vez permanece en turbia opacidad, como postergado a un sombrío rincón de la conciencia colectiva, sino que todo se desentraña finalmente, "y todo lo que era sólido se desvanece en el aire" (Marx y Engels). Todo intento, por poderoso, de silenciar la verdad sucumbe, derrotado. Todo críptico código se descifra, y todo sutil enigma se resuelve. Por ello, el conocimiento encarna el vínculo de unión por excelencia entre los seres humanos: se llama a sí mismo, y se multiplica automáticamente, como en una concatenación irreprimible, porque las ansias que a él nos orientan son ubicuas, y todos las compartimos: "todos los hombres buscan por naturaleza conocer", proclama Aristóteles al comienzo de su *Metafísica*.

No todos poseen la misma capacidad de conocimiento. Es deber de la sociedad favorecer la universalización del acceso a las fuentes del conocimiento y de la educación, así como aplicar adecuadamente los avances neurocientíficos para potenciar al máximo las habilidades intelectuales de todos los hombres y mujeres. Nadie es libre si vive en la ignorancia, y menos aún si se ufana, nescientemente, de ella. La sociedad debe comprometerse a establecer las condiciones que nos permitan a todos convertirnos en sujetos activos, y no en espectadores pasivos, de la dilatada trama del conocimiento.

El conocimiento exige tanta cooperación, intercambio y aprendizaje que las diferencias entre los seres humanos se disiparán gradualmente, evaporadas por una energía que se sobrepone a adversidades de cualquier índole. Es innegable que las necesidades humanas se han configurado de tal modo que no todos pueden consagrarse al cultivo del conocimiento. Nos acucian quehaceres materiales que requieren de un gran esfuerzo físico, y este denuedo esclaviza tiránicamente a muchas personas. Sin embargo, no es vana ni efímera la esperanza de que la ciencia y la tecnología permitan, en un futuro no muy lejano, que las máquinas ejecuten los trabajos más arduos, para que todo ser humano se centre en su vocación más propia: el saber, la fantasía y la felicidad.

El conocimiento representa, en definitiva, el instrumento más democrático y democratizador que poseemos como humanidad. Rompe muros (sociales, económicos, religiosos, culturales...), eleva puentes y ensancha sueños. El conocimiento lleva a su expresión más acabada el deseo humano amor, de relación y de intercambio. El conocimiento une, libera y crea.

La nueva civilización que hemos de construir conjuntamente todos los pueblos de la Tierra no puede concebir el conocimiento como una posesión, sino como una actitud de apertura a la riqueza de la vida, como una exhortación sincera a cuestionar el pasado, el presente y el futuro, para así expandir los horizontes de la humanidad. En lugar de una cultura del tener, discurriremos decididamente por la senda que conduce al ser, y todos escucharemos esas voces rebosantes de profundidad y autenticidad cuyos labios, en las más recónditas regiones del planeta y de la historia, nos han dignificado al proclamar la urgencia de crecer como personas, no como dueños de objetos deshumanizados: Amós, Isaías, Buda, Sócrates, Jesús, San Francisco de Asís, Eckhart, Spinoza, Marx, Schweitzer... Sólo así la humanidad se superará a sí misma, y advendrá ese "superhombre" con el que tan afanosamente soñó Nietzsche, ya no obsesionado por dominar, sino anheloso de comprender, imaginar y amar.

Como anunciara con clarividencia Albert Schweitzer, nos hemos convertido en superhombres, *"mais le surhom-*

me souffre d'une imperfection funeste de son esprit. Il ne s'est pas élevé au niveau de la raison surhumaine qui devrait correspondre à la possession d'une force surhumaine"[110]. En esa razón "sobrehumana" deben converger la racionalidad y el sentimiento, la fría lógica y la cálida compasión. El verdadero superhombre lo encarnará quien sea capaz de asumir a los otros sin negarlos, y de entregarse devotamente a los demás para trascenderse a sí mismo: aquél en cuyo espíritu resplandezca el hálito del amor más genuino, que es el signo eminente de la paz.

---

[110] Tomado del discurso de recepción del premio Nobel de la Paz de 1952.

APÉNDICE III
A QUIÉN PERTENECE EL SIGLO XXI

Vivimos en un mundo en permanente cambio. Tal vez constituya ésta la característica definitoria de nuestro tiempo: la ausencia de estructuras fijas, evidentes, inmóviles. De hecho, resulta probable y paradójico que el cambio a ritmos cada vez más acelerados represente el único elemento estable del siglo XXI. Es cierto que toda época ha experimentado alteraciones profundas, algunas de repercusiones históricas. Sin embargo, la nuestra asiste a una serie de transformaciones tecnológicas y geopolíticas que han contribuido a desplazar el eje de poder e invención del Atlántico Norte a regiones del globo antes aletargadas. A esa constante transición se enfrenta el mundo y con él España. La forma de afrontarlo decidirá nuestro porvenir.

A mediados del siglo XX, Gordon E. Moore planteó la hoy conocida como "ley de Moore": la capacidad de procesamiento de los equipos electrónicos se duplicará cada dos años. Las implicaciones de ese proceso, que se cumple incluso cincuenta años después de su formulación, son inmensas. Nuestros teléfonos móviles poseen hoy una capacidad de computación superior a la que permitió al Apollo

---

[111] Artículo escrito con Manuel Muñiz y publicado en *esglobal* el 18 de septiembre de 2013.

11 alunizar en 1969. Nick Bostrom, de la Universidad de Oxford, ha concluido que, en el año 2019, nuestros ordenadores personales gestionaran información con la misma agilidad que el cerebro humano. En 2030 serán quinientas veces superiores. Algunos autores (muchas veces con la incierta vocación de profetas y futuristas), como el ingeniero de Google Ray Kurzweil, han llegado a predecir que en torno al año 2045 habremos alcanzado el momento de la "singularidad", en el que la inteligencia artificial desbancará la humana.

Ordenadores más potentes propiciarán la creación de máquinas más versátiles. Cadenas de producción, distribución y venta totalmente mecanizadas, impresoras 3D o coches que se conducen solos, ejemplifican algunos de los avances destinados a transfigurar el mapa social y económico del mundo. Este éxito plantea importantes retos, porque supondrá la destrucción de millones de puestos de trabajo y el necesario desplazamiento de trabajadores a nuevos sectores. Estadísticas publicadas por el Departamento de Trabajo de EEUU muestran que, entre el año 2000 y el 2010, el 63% de tipógrafos perdió su trabajo, así como el 26% de los contables. Durante ese mismo periodo se cerró el 46% de las agencias de viajes. El elemento común es la aparición de hardware y software capaces de realizar funciones que antes requerían del trabajo de una o varias personas.

Estrechamente relacionado con la mecanización se encuentra también el fenómeno de Internet y de la era de la información. Alrededor de 16 millones de personas utilizaban Internet in 1996. La cifra, a día de hoy, es de 2.400 millones (un 34% de la población mundial). Todos los días se envían entre 100.000 y 200.000 millones de mensajes electrónicos. En 2007, Wikipedia se convirtió en la mayor enciclopedia de la historia, y superó en extensión los once mil volúmenes sobre cultura y saberes chinos encargados por el emperador Yongle en el siglo XV. Wikipedia es accesible de manera gratuita desde prácticamente cualquier parte del mundo. En marzo de 2012, Google Books superó la cifra de 20 millones de libros escaneados, a tan solo 2 millones del total disponible en la biblioteca del Congreso de EEUU, la mayor del mundo. Hoy en día, la información no sólo se produce y consume de modo bilateral. El surgimiento de redes sociales ha alterado, de forma radical, la estructura de las relaciones humanas. Twitter cuenta hoy con más de 500 millones de usuarios, quienes intercambian más de 340 millones de mensajes cortos cada día. Facebook, por su parte, ha superado los 1000 millones de usuarios, lo que significa que uno de cada siete seres humanos está conectado a esta red social, creada hace menos de una década. La combinación de conectividad e información ha fomentado amplios espacios virtuales donde se generan auténticas corrientes de opinión y se configuran movimientos sociales. Las Revueltas Árabes desencadenadas en los dos últimos años, pese a su ambiguo destino, constituyen tal vez el ejemplo más evidente del poder de contestación de esas redes y de la dificultad de reprimir la libre expresión de opiniones en la Red.

En paralelo a estos avances en computación, mecanización y conectividad asistimos a una verdadera revolución en el campo de las ciencias biológicas. El siglo XXI se inauguró, en el plano biocientífico, con la secuenciación del genoma humano. Los avances incesantes en la genética, en la proteómica y, más recientemente, en la neurobiología y en la psicología cognitiva no sólo han contribuido a ampliar nuestra visión científica del mundo, sino que también han despertado grandes expectativas de cara al tratamiento de enfermedades como el Alzheimer y el Parkinson. Si el siglo XX presenció una eclosión imparable de descubrimientos físicos que alteraron nuestra visión del universo (con la mecánica cuántica y la teoría de la relatividad como desarrollos más trascendentales), nuestra comprensión del funcionamiento de los sistemas biológicos, incluso de los más complejos, como el cerebro humano, ha crecido a pasos agigantados durante los primeros lustros del siglo XXI. Las repercusiones del progreso en las ciencias de la vida y de la mente se han dejado ya sentir en las humanidades y en las ciencias sociales, como han puesto de relieve autores de la talla de Steven Pinker, Eric Kandel y Daniel Kahneman. Y, más allá del terreno epistemológico, parece plausible que los avances médicos suscitados aumenten la esperanza y la calidad de vida. Las direcciones que puedan tomar los avances científicos son impredecibles y quizás ambivalentes (debates bioéticos como los generados por el transhumanismo dan cuenta de ello), pero resulta indudable que algunas de ellas se revelarán enormemente fecundas para la mejora de la vida humana.

Los avances tecnológicos que acabamos de reseñar irán acompañados, en el siglo XXI, de fuertes alteraciones en las estructuras políticas e internacionales. Tal vez la más significativa sea el ascenso de Asia y, en concreto, de China. Es en estos momentos concebible que la economía china supere a la estadounidense en Producto Interior Bruto (PIB) en las próximas dos décadas. En su informe titulado "Global Trends 2030", el *National Intelligence Council* concluye: "en el 2030 Asia habrá superado a América del Norte y Europa en términos de poder global, PIB, población, gasto militar e inversión en innovación y desarrollo". En 2025, más de la mitad de la población del mundo vivirá en Asia y rondará los 5.000 millones de personas. La población europea y norteamericana sólo sumará el 9% del total mundial. La Agencia Internacional de la Energía estima que, en los próximos veinte años, la demanda energética se incrementará un 39%. El 93% de este aumento se deberá al crecimiento experimentado por países ajenos a la Organización para la Cooperación y Desarrollo Económico (OCDE), sobre todo asiáticos. Las economías de China e India podrían duplicar su tamaño en los próximos veinte años. Y, aunque conviene no subestimar los riesgos a los que se enfrentan, en particular las dificultades de mantener un crecimiento sostenido por mucho más tiempo, es evidente que el horizonte de un mundo multipolar se nos antoja cada vez más nítido e indoblegable.

Otro cambio de gran escala remite al imparable desarrollo del poder del individuo. Esta tendencia, alimentada por un aumento generalizado de las tasas de alfabetización (según estadísticas de la UNESCO, en 2010 el 89'6% de los jóvenes de entre 15 y 24 años sabía leer y escribir; destaca el progreso que se ha producido en el continente asiático), así como del acceso a la información y a las redes sociales, no hace sino alterar el mapa político del mundo. Los individuos desempeñan hoy un papel mucho más activo en el orden doméstico e internacional. Una prueba de ello nos la brinda el incremento del número de democracias existentes en el mundo, acelerado desde los años 80. La democracia representativa o "liberal" se erige hoy como el régimen político vigente en más del 60% de los estados. El último informe de *Freedom House* afirma que el 66% de la población mundial es "libre" o "parcialmente libre", una cifra sustancialmente mayor que la de 1972, fecha en que comenzaron a publicarse estos documentos. En cualquier caso, es preciso recordar que la expansión del libre acceso a la información y la generalización del uso de Internet han originado no pocos problemas, algunos demasiado graves como para soslayarse. En particular, la tensión entre privacidad e información de dominio público, puesta de manifiesto en las controversias que acompañan a redes sociales como Facebook y Twitter, o herramientas de búsqueda como las suministradas por Google y Yahoo, así como los recientes casos de espionaje sobre individuos e instituciones perpetrados por potencias como Estados Unidos, obligan a matizar la bondad de un fenómeno que, pese a sus claroscuros, creemos que resulta incuestionablemente positivo para el desarrollo libre de los individuos.

Las transferencias de poder a Asia y la profundización en procesos cívicos y democráticos coadyuvarán a consolidar la globalización, caracterizada por una creciente interdependencia entre las economías y sociedades del mundo. Este mundo global nos vinculará a todos de forma cada vez más estrecha, y aunque las fricciones culturales, ideológicas y religiosas también arrecien, es probable que se uniformicen determinados modos de vida y de pensamiento. Los problemas derivados de este hecho son evidentes, pero la dinámica de reforzamiento de los lazos entre todos los miembros de la familia humana, con independencia de su lugar de procedencia, suscita grandes esperanzas.

¿Qué lecturas debemos extraer de este fenómeno tan vasto y polifacético?

La primera se refiere a la incertidumbre sobre lo que deparará, a nivel geopolítico, un futuro tan complejo. No es posible identificar un hecho o acontecimiento que se alce como responsable único de esta tendencia tan profunda al cambio acelerado. De hecho, este artículo no pretende enumerar todos los cambios que vamos a vivir. Dejamos fuera avances en ciencia de materiales, en nuevas fuentes de energía, en ingeniería civil e infraestructuras, en neurociencia y en computación cuántica, así como retos que madurarán en este siglo y precisarán de actuaciones valientes, como son la erradicación de la pobreza, la lucha contra la desigualdad y la brecha tecnológica, el cambio climático o el envejecimiento de nuestras sociedades. Este breve ensayo sólo aspira a ilustrar cómo las ciencias aplicadas se hallan destinadas a desdibujar la idea clásica del hombre, sobre todo en lo que respecta a sus límites y sus funciones. Hoy en día resulta imposible delinear esas hipotéticas fronteras infranqueables para la condición humana. Además, el orden político global sufre la mayor alteración desde el nacimiento de los grandes imperios europeos hace más de cinco siglos. Desde entonces, nada había desafiado la primacía de Occidente. Todo ello, acompañado de un aumento notable del poder del individuo y del colapso de las estructuras clásicas de poder, convierte el siglo XXI en una época fascinante, llena de riesgos pero repleta también de oportunidades.

La segunda afecta directamente a la naturaleza y al funcionamiento de nuestros sistemas políticos. Los estados del mañana deberán apoyar y valerse de los avances científicos, así como procurar la formación de ciudadanos globales. También habrán de aprender a optimizarse y a apostar por las estructuras más eficientes posibles, por cuanto competirán con otros muchos por la atracción de talento y de focos potenciales de crecimiento económico. Los estados pesados, ineficaces y extractivos se encuentran condenados a la desaparición.

Por otra parte, los problemas comunes sólo podrán abordarse desde una perspectiva internacional. La crisis del euro, que ha reflejado la incapacidad de los gobiernos nacionales para alcanzar soluciones sin el concierto de sus socios europeos, es tal vez un ejemplo válido de lo que le espera al resto del mundo en el siglo XXI. No cabe la menor duda de que la gestión de la complejidad desatada en un mundo global, definido por la incesante interdependencia entre estados, llevará al límite el orden internacional que hemos conocido y exigirá nuevas formas de gobernanza común. Sólo la Unión Europea ofrece hoy un horizonte político de cierta relevancia a los ciudadanos de Europa. A pesar de sus incuestionables defectos, la unión de Europa constituye el único sistema político capaz de promover, en nuestro continente, los espacios económicos, culturales y educativos necesarios para afrontar el siglo XXI con éxito. La aptitud de nuestros gobernantes para entender la importancia de la unidad y la miseria e insignificancia a las que nos conducirían la división y el enquistamiento en particularismos anacrónicos marcarán la clave a la hora de decidir nuestro futuro.

En último término, cabe preguntarse por las implicaciones de estos cambios para el individuo, para el ciudadano de este siglo. El éxito en un mundo marcadamente global demandará el dominio de distintos idiomas, la predisposición a explorar nuevos horizontes (quizás antitéticos a las zonas de confort que nos proporcionan nuestros países occidentales) y la búsqueda perseverante de un alto nivel de formación, caracterizado tanto por el desarrollo de las habilidades críticas y analíticas como por el fomento de la interdisciplinariedad. Ninguna sociedad podrá permanecer de espaldas a los espectaculares avances científicos y tecnológicos que presenciamos ya hoy. Si no mejora el nivel general de educación científica y técnica de la población, corremos el riesgo de perder un tren demasiado rápido, quizás imposible de recuperar en el medio plazo.

Nunca como hoy habíamos gozado de tantas posibilidades de crecimiento personal. El acceso a ingentes cantidades de información, la difusión, (prácticamente universal) del conocimiento científico y de resortes de reflexión crítica, esa facilidad para contactar con personas de regiones distantes que nos ofrecen las tecnologías de la información, los incesantes avances médicos...; todo ello representa, en realidad, un reto. Una parte significativa de la población mundial yace aún sumida en pobreza y subdesarrollo, ajena a los prodigios de la técnica y de la ciencia. Necesitamos ciudadanos que, además de educación, interioricen valores sólidos, como el de la solidaridad, y aprendan también a ganar un cierto grado de independencia sobre los avatares que nos prodiga esta época de cambios frenéticos y tantas veces desconcertantes. El siglo XXI pertenecerá, por lo tanto, a individuos globales, abiertos al cambio, con amplia capacidad critica. La sostenibilidad del progreso logrado hasta la fecha dependerá, como en tantas otras ocasiones, de que aceptemos el cambio, lo dotemos de un fuerte sentido ético y de que sus beneficios lleguen a tantos como sea posible.

**MANTÉNGASE INFORMADO
DE LAS NUEVAS PUBLICACIONES**

Suscríbase gratis
al boletín informativo
www.dykinson.com

Y benefíciese de nuestras ofertas semanales

Printed in Dunstable, United Kingdom